本套教材出版获以下资助：

暨南大学高水平大学建设专项资金

教育部中外语言交流合作中心国际中文教育精品教材“1+2”资助工程

CENTER FOR LANGUAGE EDUCATION AND COOPERATION
中外语言交流合作中心

国际中文教育精品教材

暨南大学华文学院
College of Chinese Language and Culture, Jinan University

汉语言专业规划系列教材

MULTIMEDIA PRINT READER MPR www.mpreader.com

# i学中文

第二册


总 主 编◎王衍军　林奕高　张　艳

分册主编◎林奕高

暨南大學出版社
JINAN UNIVERSITY PRESS

中国·广州

**图书在版编目（CIP）数据**

i 学中文．第二册/王衍军，林奕高，张艳总主编；林奕高分册主编．—广州：暨南大学出版社，2024.11

汉语言专业规划系列教材

ISBN 978-7-5668-3864-3

Ⅰ.①i… Ⅱ.①王… ②林… ③张… Ⅲ.①汉语—对外汉语教学—教材 Ⅳ.①H195.4

中国国家版本馆 CIP 数据核字（2023）第 247128 号

**i 学中文（第二册）**

i XUE ZHONGWEN（DI-ER CE）

**总 主 编：王衍军　林奕高　张　艳**

**分册主编：林奕高**

**出 版 人：**阳　翼

**项目统筹：**杜小陆

**责任编辑：**刘宇韬

**责任校对：**刘舜怡　潘舒凡

**责任印制：**周一丹　郑玉婷

**出版发行：**暨南大学出版社（511434）

**电　　话：**总编室（8620）31105261

营销部（8620）37331682　37331689

**传　　真：**（8620）31105289（办公室）　37331684（营销部）

**网　　址：**http://www.jnupress.com

**排　　版：**广州良弓广告有限公司

**印　　刷：**广州市金骏彩色印务有限公司

**开　　本：**787mm×1092mm　1/16

**印　　张：**13.375

**字　　数：**170 千

**版　　次：**2024 年 11 月第 1 版

**印　　次：**2024 年 11 月第 1 次

**定　　价：**49.00 元

# 前　言

本套教材是面向非华裔初级中文学习者的综合教材。编者们根据学习对象的特点，结合来华留学生日常生活交际需求，选取反映当代中国社会生活、经济、科技等方面的相关内容，利用融媒体等新技术，以独特的视角向学习者展示了真实的当代中国社会。

本套教材分为六册，共71篇课文，其中第一册15篇，第二、三、四册各12篇，第五、六册各10篇。教材内容从零起点开始，可满足初级到准中级阶段学生中文学习的需要，教师可根据学生水平和课时安排选择相应的册数和课文。整体上看，教材内容难度呈螺旋上升形态，其中，第一、二册侧重HSK一、二级水平，第三、四册侧重HSK三、四级水平，第五、六册侧重HSK五、六级水平。

除了纸质版教材外，我们还制作了配套的数字化教材、课件、语言点讲解视频、录音材料、Quizlet词卡。数字化教材除了呈现纸质版教材的生词、课文及语言点外，还配备了生词和课文的录音、生词的例句或图片讲解，以及与纸质版教材不同的练习题和测试题，为学习者预习与复习提供更丰富的形式和内容，方便学习者更有效地利用碎片化时间进行学习，从而让"课前—课堂—课后"形成更紧密的有机整体。

本套教材突出"新"和"活"的特色。"新"主要体现在两个方面：一是课文内容选材新。如微信、"双十一"、快递、外卖、移动支付等都是与当代中国人生活密切相关的主题。二是练习形式新。如设计了利用智能语音识别完成的题型，以及制作上传至社交账号上的视频作业；在数字化教材上实现听写、配对、组句等多样化的练习题型；在课堂练习部分，围绕教学重点内容提供了一些游戏、比赛、情景扮演类练习，互动性强，能活跃课堂气氛，增强学习的趣味性。“活”主要体现在强调学生对所学内容要活学活用，充分利用学生在中国学习的语言环境，设计实践性、交际性任务，推动学生从课堂走到课外，通过完成相关任务，克服畏惧心理，达到多用中文、敢用中文、会用中文的学习效果。

## 一、教材使用说明

### 1. 教学目标

本套教材内容编写以功能为导向，以任务型和交际型为主线，结合现代信息科学技术，通过大量听、说、读、写训练，培养学习者基本的中文交际能力；通过语言实践与互动，培养学习者得体的语言交际能力。

### 2. 适用对象

本套教材的适用对象为零起点的初级到准中级水平中文学习者。六册教材总学习时长为 2 年左右，每周学习 10 ~ 12 课时（每课时 45 ~ 50 分钟）。

### 3. 教材体例

本套教材的体例是：课前热身—生词—课文—语言知识—练习。“课文”从交际需求、感兴趣话题、热点话题角度进行编写。“练习”涵盖生词、语言知识、交际、课堂活动、实践拓展等内容，其中大部分内容可在课上与学生一起完成。还有一些练习需要学生课下进行语言实践，凸显交际性。教师可以根据情况选用各类练习。

### 4. 教材使用建议

各册教学课时安排：

拼音部分：16～20课时。

第一、二、三册：6～8课时/课。

第四、五、六册：8～10课时/课。

拼音部分建议集中教学。课堂游戏或活动部分，教师可以根据需要进行选择。语音、汉字的教学始终贯穿教材。每册都有一些只要求识记、不要求书写的认读字。遵循循序渐进、由易到难的教学原则。

### 5. 配套资料说明

本书生词和课文配有录音，音频文件请在暨南大学出版社官网（http：//www. jnupress. com）下载专区免费获取。Quizlet 词卡，请在 Quizlet 官网（https：//quizlet. com/join/Zmf6k5NtM？ i＝28qrwz&x＝1bqt）“暨南大学i学中文教材”处获取。微课视频，书中标有“教学视频”标志，请扫码查看。

## 二、特别说明

教材编写人员尊重所有图片、肖像的知识产权。教材中所使用的图片大多来源于“熊猫办公”网站。编写团队已购买“熊猫办公企业VIP至尊版（ID：47206601）”图片下载和使用权限，并获取了每一张图片的版权使用协议。熊猫办公企业VIP至尊版权限明确标注：图片可用于“图书出版：报纸配图、杂志封面及配图、图书封面及配图”，编写团队也保证所下载图片仅用于本套教材及其配套资源的出版和教学，不作他用。

教材中有一些照片由我们的同事及留学生等出镜拍摄并友情提供，均授权我们在教材中使用，对此表示衷心的谢意。此外，本套教材中还有极少量的图片我们未能及时联络上作者，在此也希望图片作者联络我们，以便及时支付相应图片稿酬。

在编写过程中，我们也参考了其他教材、词典等书籍以及网络资料，我们尊重各位作者的知识产权，在此也表示真诚的感谢。

教材录音团队是普通话一级甲等的资深播音员陆圆圆和何浩源，他们有着丰富的宣传片、纪录片、广告片等的录音经验和主持经验。

教材封面图片来源于雕塑家廖慧兰女士为暨南大学华文学院特别创作的雕塑作品《五洲学子》，现竖立于暨南大学华文学院南门。廖慧兰教授的女儿、资深艺术媒体人及策展人曹丹给予了支持。对此我们表示感谢。

教材编写是一项极其复杂、艰巨的任务。本套教材的编者都为富有教学经验的一线中文教师，团队群策群力，收集整理了众多资料，在编写工作中投入了大量的精力和时间。初稿完成后经过多次试用，并根据专家学者、试用教师和学习者的意见进行了反复修改。在此，再次对为本套教材写作、出版等付出辛劳的专家、教师、编辑、学生等表示由衷的感谢！然而，由于编者能力和水平有限，教材难免存在疏漏，恳请各位教材使用者提出宝贵建议，以便在下次修订时进一步完善和提高。

**教材编写组**

2024 年 3 月

# Preface

This set of textbooks is designed for beginner-level learners of Chinese who are not of Chinese descent. According to the characteristics of the learners, combined with the daily communication needs of international students in China, the editors selected relevant content reflecting contemporary Chinese social life, the economy, science and technology, and used new technologies such as multimedia to show the modern side of Chinese society to learners from a unique perspective.

This series consists of six volumes, containing a total of 71 texts: 15 texts in the first volume, 12 texts in each of the second, third, and fourth volumes, and 10 texts in each of the fifth and sixth volumes. The textbook starts at a beginner level with no prior knowledge required and progresses to an intermediate level. Teachers can select texts based on the students' level. The textbook in this series present different levels of difficulty, among which volumes one and two will focus on HSK levels 1 and 2, volumes three and four will focus on HSK levels 3 and 4, and volumes five and six will focus on HSK levels 5 and 6.

In addition to paperback textbooks, digital textbooks, courseware, language guidelines explanation video, recording materials, Quizlet word card have also been created. In addition to presenting new words, texts, and language guidelines of paperback textbooks, digital textbooks are also equipped with audio recordings of new words and texts, explanation of example sentences or pictures of new words and texts, as well as exercises and tests that are different from those in the paperback textbooks, which provide a wider range of options for learners to preview and review content, allowing them to make better use of their study time. So that it may smooth out the process of previewing before the class, learning within the classroom, and reviewing after the class to form an organically cohesive learning experience.

This series of textbooks emphasizes the features of being new and dynamic. The newness is mainly reflected in two aspects: First, the selected topics are new. Such examples include WeChat, "Double Eleven", express delivery, takeout, mobile payment, which are closely related to modern Chinese people's lives. Second, the method of practice is also new. For example, in the exercises, questions were designed to be completed by automatic speech recognition, and video assignments that can then be posted to social accounts. The digital teaching materials also have dedicated sections for dictation, matching, sentence making, and other diversified types of exercises types. The classroom practice, games, competitions, and scenarios around the key contents are provided, and they have been designed to be highly interactive to increase student engagement. The dynamism is mainly reflected in the emphasis that students should learn to use their own methods of learning to make full use of the language environment in which students can learn in China, thus practical and communication tasks have a heavy emphasis on skills that enable students to better put knowledge obtained from class into practice. By completing relevant tasks, students can overcome their fear and achieve the desired learning effect of using Chinese more frequently and boldly, knowing how to use Chinese in their everyday lives.

## Instruction for teaching materials

### Teaching objective

These textbooks are designed with a focus on function, task-based learning, and communication. These textbooks integrate modern information science and technology, providing extensive practice in listening, speaking, reading, and writing. This approach aims to develop learners' basic communication skills in Chinese, while enhancing their ability to interact in a socially appropriate manner.

### Applicable object

This series is designed for beginner with no prior knowledge of Chinese to intermediate learners. The total learning duration for the six volumes is approximately 2 years, with a recommended weekly study load of 10 to 12 class hours (each class hour lasting 45 – 50 minutes).

### Textbook structure

The structure of these textbooks is: Warming up, New Words, Text, Language Guidelines, Exercises. The texts are written from the perspective of the needs that arise from communication, topics of interest, and trending topics. Exercises cover new words, language guidelines, communication tasks, classroom activities, practical application tasks, and more. Most of these can be completed in class with students. In particular, there are some exercises that require students to carry out language practice after class to highlight the communicative nature. Teachers can choose various exercises according to the situation.

**Suggestions for use**

Schedule of teaching hours for each volume:

The Pinyin part: 16 – 20 class hours.

Books 1, 2, and 3: 6 – 8 hours per lesson.

Books 4, 5, and 6: 8 – 10 hours per lesson.

The Pinyin section should be taught intensively. Classroom games and activities can be chosen by the teacher according to their needs. The teaching of pronunciation and Chinese characters is embedded throughout the textbook. Each volume has a number of characters that are only required to be memorized, not written. The teachers should follow the principle of gradual progression from easy to difficult.

**Description of Supporting Materials**

This book includes audio recordings for new words and texts, which can be downloaded for free from the Jinan University Press official website (http://www.jnupress.com) in the download section. Quizlet flashcards can be accessed on the Quizlet website at https://quizlet.com/join/Zmf6k5NtM?i=28qrwz&x=1bqt under "Jinan University iLearn Chinese Textbook". Micro-lesson videos, marked with the "Teaching Video" symbol in the book, can be viewed by scanning the chain code.

**Special Note**

We would like to stress that our textbook compilation team respects the copyright of pictures and portraits, and the sources of the textbook materials are indicated where applicable. Most of the pictures used in the textbook were downloaded from the website "Panda Office". The compilation team has purchased the "Panda Office Enterprise VIP Supreme Edition (ID: 47206601)" and has fair use policy for use of its pictures stipulated in the user agreement section after purchase. "Panda Office Enterprise VIP Supreme Edition" clearly indicates the permission that pictures can be used for "book publication: newspaper illustrations, magazine covers and illustrations, book covers and illustrations". Our team also guarantees that the downloaded pictures will only be used for the publication and teaching of books and textbook companion resources (digital and paperback), and will not be used for other purposes.

Some photos in the textbook were taken by our colleagues and international students, who have kindly granted us permission to use these images in the textbook, for which we express our heartfelt gratitude. In addition, there are a small number of images in the textbook for which we were unable to contact the authors in time. We kindly request that the image authors reach out to us so that we can arrange payment for the corresponding image royalties.

In the process of writing this textbook, reference to other textbooks, dictionaries and other books as well as online materials was made. We respect the intellectual property rights of all authors and hereby express our sincere thanks.

The textbook recording team consists of senior announcers for first-level Mandarin proficiency, namely Lu Yuanyuan and He Haoyuan. They possess extensive experience in recording promotional videos, documentaries, commercials, and have experience in hosting as well.

On the textbook cover is a photo of the sculpture *Students from All*

*Corners of the World*, which stands at the south gate of the College of Chinese Language and Culture, Jinan University. As a special gift for the college, it was designed and created by Liao Huilan, a renowned sculptor in China. Heartfelt thanks go to Prof. Liao's daughter Cao Dan, a senior art journalist and exhibition curator, for her efforts in granting copyright authorization.

The compilation of textbooks is an extremely complex and arduous task. The editors are all front-line Chinese teachers with diverse teaching experiences, who gathered and sorted out the materials, and invested a lot of energy and time in the compilation of the collected work. After the submission of the first draft, the textbooks have undergone multiple revisions in rounds of trials, with the opinions of experts and scholars taken into consideration. Once again, we expressed our heartfelt thanks to the experts, teachers, editors, and students who have worked hard on the writing and publication of this book. However, due to the limited ability and skills of the editors, there were inevitable situations that omissions in the teaching materials occurred, and we sincerely hope that all the users of the textbooks can provide valuable suggestions for further improvement in the next revision.

**The Compilation Team of the Textbook**

**Mar., 2024**

# 人物简介

Character Introduction

**林一** Lín Yī
性别：男
国籍：中国

**王乐乐** Wáng Lèle
性别：女
国籍：中国

**阿里** Ālǐ
性别：男
国籍：美国

**米亚** Mǐyà
性别：女
国籍：法国

**米娜** Mǐnà
性别：女
国籍：埃及

**艾文** Àiwén
性别：男
国籍：德国

**安娜** Ānnà
性别：女
国籍：英国

# 中文词类简称表

Abbreviations of Word Classes

| | | | | |
|---|---|---|---|---|
| 1 | 名词 | míngcí | 名 | noun |
| 2 | 代词 | dàicí | 代 | pronoun |
| 3 | 动词 | dòngcí | 动 | verb |
| | 离合词 | líhécí | | separable verb |
| 4 | 形容词 | xíngróngcí | 形 | adjective |
| 5 | 数词 | shùcí | 数 | numeral |
| 6 | 量词 | liàngcí | 量 | measure word |
| | 数量词 | shùliàngcí | 数量 | numeral-classifier compound |
| 7 | 副词 | fùcí | 副 | adverb |
| 8 | 介词 | jiècí | 介 | preposition |
| 9 | 连词 | liáncí | 连 | conjunction |
| 10 | 助词 | zhùcí | 助 | particle |
| | 动态助词 | dòngtài zhùcí | | aspect particle |
| | 结构助词 | jiégòu zhùcí | | structural particle |
| | 语气助词 | yǔqì zhùcí | | modal particle |
| 11 | 叹词 | tàncí | 叹 | interjection |
| 12 | 象声词 | xiàngshēngcí | 象 | onomatopoeia |
| 13 | 前缀 | qiánzhuì | | prefix |
| 14 | 后缀 | hòuzhuì | | suffix |

# 目　录

## Contents

# 第一课　我们的校园

# Our campus

## 课前热身 Warming up

说一说你们的学校是什么样的。Describe your campus.

## 生词 New words

| | | | | |
|---|---|---|---|---|
| 1 | 校园 | xiàoyuán | 名 | campus |
| 2 | 机场 | jīchǎng | 名 | airport |
| 3 | 咱们 | zánmen | 代 | we，us |
| 4 | 近 | jìn | 形 | near |
| 5 | 快 | kuài | 形 | fast，quick |
| 6 | 就 | jiù | 副 | exactly，precisely |

| | | | | |
|---|---|---|---|---|
| 7 | 办公楼 | bàngōng lóu | | office building |
| 8 | 教学楼 | jiàoxué lóu | | teaching building |
| 9 | 运动场 | yùndòngchǎng | 名 | sports ground |
| 10 | 餐厅 | cāntīng | 名 | canteen |
| 11 | 游泳池 | yóuyǒngchí | 名 | swimming pool |
| 12 | 每天 | měi tiān | | everyday |
| | 每 | měi | 代 | every |
| 13 | 下午 | xiàwǔ | 名 | afternoon |
| 14 | 锻炼* | duànliàn | 动 | to take exercise |
| 15 | 下车 | xià chē | | to get off a car |
| 16 | 对面 | duìmiàn | 名 | opposite, face to face |
| 17 | 参观 | cānguān | 动 | to visit |
| 18 | 湖 | hú | 名 | lake |
| 19 | 不错 | búcuò | 形 | not bad |
| 20 | 亭子 | tíngzi | 名 | pavilion |
| 21 | 座 | zuò | 量 | a measure word for building |
| 22 | 红色 | hóngsè | 名 | red |
| 23 | 另 | lìng | 代 | another |

**专名 Proper nouns**

| | | |
|---|---|---|
| 龙湖 | Lóng Hú | Dragon Lake |

---

说明：加 * 的词语不要求掌握书写。

Note: Competence in writing words marked with asterisks is not required.

## 课文 Text

### 课文 1 Text 1

(zài jīchǎng)
(在　机场)

Māma: Zánmen zěnme qù xuéxiào ne?
**妈妈：** 咱们　怎么　去　学校　呢?

Lín Yī: Wǒmen xuéxiào lí zhèr bǐjiào jìn, dǎ chē qù hěnkuài jiù dào。
**林　一：** 我们　学校　离 这儿 比较 近, 打 车 去　很快　就 到。

Māma: Nǐmen xuéxiào dà ma?
**妈妈：** 你们　学校　大 吗?

Lín Yī: Bú dà, dànshì hěn piàoliang。Yǒu bàngōng lóu、jiàoxué lóu hé sùshè lóu, hái yǒu túshūguǎn、yùndòngchǎng、cāntīng。
**林　一：** 不大，但是　很　漂亮。有　办公　楼、教学　楼 和 宿舍　楼，还 有　图书馆、　运动场、　餐厅。

Māma: Yǒu yóuyǒngchí ma?
**妈妈：** 有　游泳池　吗?

Lín Yī: Yǒu, hái yǒu jiànshēnfáng ne! Wǒ měi tiān xiàwǔ dōu qù duànliàn。
**林　一：** 有，还 有　健身房　呢! 我 每 天 下午 都 去　锻炼。

### 课文 2 Text 2

Lín Yī: Dào le, zánmen xià chē ba。Duìmiàn jiù shì wǒmen xuéxiào, nà shì dōng mén, xuéxiào hái yǒu yí gè nán mén。
**林　一：** 到了，　咱们　下 车 吧。对面　就 是　我们　学校，那 是　东　门，　学校　还 有 一 个 南　门。

Māma: Nǐ dài wǒ cānguān cānguān xiàoyuán ba。
**妈妈：** 你 带 我　参观　参观　校园　吧。

Lín Yī: Nǐ kàn, zhè shì wǒmen xuéxiào de Lóng Hú, piàoliang ba?
**林　一：** 你 看，这 是 我们　学校 的 龙　湖，　漂亮　吧?

Māma：Zhēn búcuò, hái yǒu yí gè tíngzi ne!
妈妈：真 不错，还 有 一 个 亭子 呢！

Lín Yī：Qiánmiàn nà liǎng zuò hóngsè de lóu, yí zuò shì bàngōng lóu,
林 一：前面 那 两 座 红色 的 楼，一 座 是 办公 楼，

lìng yí zuò shì jiàoxué lóu。
另 一 座 是 教学 楼。

Māma：Sùshè lóu ne?
妈妈：宿舍 楼 呢？

Lín Yī：Sùshè lóu zài xuéxiào de běibian, yùndòngchǎng zài dōngbian,
林 一：宿舍 楼 在 学校 的 北边， 运动场 在 东边，

cāntīng zài xībian。
餐厅 在 西边。

## 语言知识 Language guidelines

### 知识1 Tip 1

**“咱们”和“我们”**

“咱们怎么去学校呢？”

“我们学校离这儿比较近。”

“咱们”包括说话人和听话人。“我们”有两个含义：一是包括说话人和听话人，二是不包括听话人。

“咱们” includes both the speaker and listener. “我们” may be used in two ways: first, both speaker and listener are included; second, the listener is not included.

例如：

E. g. ,

（1）我们一起去吧。（咱们√）

（2）你参加咱们学校的运动会吗？（我们√）

（3）虽然你是外国人，我是中国人，但是咱们是好朋友。（我们√）

（4）我们班有30人，你们班有多少人？（咱们×）

（5）你先走，我们马上就去。（咱们×）

## 知识2 Tip 2

教学视频

**“在”**

“在”+名词，表示某事物的方位和处所。

“在+noun” is used to indicate the location or position of something.

名词（人或事物）+在+方位词/处所词

Noun（someone or something）+在+directional word/positional word

“宿舍楼在学校的北边。”

例如：

E. g. ,

（1）银行在西边。

（2）餐厅在学校南边。

（3）我在教室里面。

注意：在国家、城市或某个地名后不能加“里”。

Note：“里” can't be added after the names of countries, cities or places.

在+国家+地名+里（×）

例如：

E. g. ,

（4）我在法国巴黎里。（×）

## 知识3 Tip 3

**“就”**

“就$_1$”

“打车去很快就到。”

“就”，副词，放在动词前面作状语，表示动作行为在很短时间内将要发生。

The adverb “就” can be used in front of the verb as an adverbial, indicating that the action will happen in a very short time.

例如：

E. g. ,

（1）我半个小时后就到。

（2）我马上就走。

“就”表示说话人觉得事情发生得早、快，容易做或者进行得顺利，等等。

“就” is also used by the speaker to suggest the earliness, quickness or easiness of an action, or that something is going on smoothly.

例如：

E. g. ,

(3) 他7：00就起床了。

(4) 我半个小时就做完作业了。

(5) 她一次就学会了。

"就$_2$"

"对面就是我们学校。"

副词"就"在这里表示强调。

Here the adverb "就" indicates an emphasis.

例如：

E. g. ,

(1) 教学楼就在前边。

(2) A：你们的教室在哪儿？

B：这就是我们的教室。

## 知识4 Tip 4

**"有"**

"有"表示某处存在某人或某物。

"有" is used to indicate the existence of someone or something in a particular place.

方位词/处所词 + 有 + 名词（存在的人或物）

Directional word/positional word + 有 + noun (someone or something that exists)

"学校还有一个南门。"

例如：

E. g. ,

(1) 房间里有两张桌子。

(2) 门前有一辆自行车。

(3) 我的宿舍没有电话。

## 知识5 Tip 5

**“是”**

“那是东门。”

当知道某处有某人或某物时，要求确指某人是谁、某物是什么时，用“是”。

When we know there is someone or something in a particular place and we want to know more specifically who he/she is or what it is, we use the pattern “是”.

例如：

E. g.,

(1) A：那个人是谁？

B：她是我的同学。

(2) A：那个包里的东西是什么？

B：那个包里的东西是书和本子。

◆比较“有”和“是”

当事物不是确指的时候，有充满的关系，用“有”或者“是”都可以。

When you are not referring to one certain thing and one thing is filled with the other, “有” and “是” both can be used.

例如：

E. g. ,

(1) 大楼前有一条河。

(2) 大楼前是一条河。

当两者之间没有充满的关系时，只能用“有”，不能用“是”。

When two things are not filled with each other, you can only use “有” instead of “是”.

例如：

E. g. ,

(3) 大楼前是一棵小树。(×)

(4) 大楼前有一棵小树。(√)

(5) 大楼前是一片树林。(√)

已经知道某处有某人或有某物，而要求确指某人是谁或者某物是什么时，要用“是”。

If you want to know who he/she is or what it is, you should use “是”.

例如：

E. g. ,

(6) 我的左边有一个女生。(是√)

(7) 我的左边是玛丽。(有×)

(8) 桌子上面的书是《i 学中文》第二册。(有×)

## 知识6 Tip 6

**“呢”**

“呢$_1$”

“咱们怎么去学校呢?”

语气助词“呢”用在疑问句句尾时，使句子的语气变得缓和。

When the modal particle “呢” is used at the end of a question, it softens the tone of the sentence.

例如：

E. g. ,

(1) 怎么加微信呢?

(2) 你去不去呢?

(3) 你要去哪里呢?

“呢$_2$”

“还有健身房呢!”

“呢”用在陈述句句尾，表示肯定、略带夸张或强调的语气以确认事实。

“呢” is used at the end of a declarative sentence to state a fact in an exaggerated and affirmative mood.

例如：

E. g. ,

(1) 我在看书呢!

(2) 我还不想去呢!

"呢$_3$"

"宿舍楼呢?"

"呢"用在省略问句中，有两种用法：

"呢" in elliptical questions can be used in two ways:

1. 在没有上下文的情况下，问的是处所。

Without a specific context, it is used to ask about the whereabouts of someone or something.

例如：

E. g. ,

(1) 我的书呢？（=我的书在哪儿？）

(2) 我的手机呢？（=我的手机在哪儿？）

2. 有上下文时，语义要根据上下文判断。

If there is a context, the reference is dependent on the context.

例如：

E. g. ,

(3) A：你是哪国人？

B：我是美国人。你呢？（=你是哪国人？）

A：我是中国人。

(4) A：你饿吗？

B：我很饿。你呢？（=你饿吗？）

(5) A：这是谁的手机？

B：我的。

A：那个呢？（＝那个手机是谁的？）

B：我朋友的。

## 练习 Exercises

**1. 看图写词语，并根据句子意思选择相应图片。** Write the words according to the pictures, and choose the pictures according to the sentences.

A.（　　　　）

B.（　　　　）

C.（　　　　）

D.（　　　　）

E.（　　　　）

F.（　　　　）

G.（　　　　）

H.（　　　　）

（1）明天你回国，我开车送你去（　　　　）。

（2）这家（　　　　）的菜很好吃。

（3）我不喜欢运动，我喜欢去（　　　　）看书。

（4）放学后我常常去（　　　　）踢球。

（5）这个 公园（gōngyuán）里有一个很大的（　　　　）。

（6）（　　　　）里有的人在跑步，有的人在骑车。

（7）在湖中间有一个很漂亮的（　　　　）。

（8）他喜欢到（　　　　）游泳。

**2. 单项选择**。Multiple choice questions.

（1）我有两本书，一本是红色的，（　　）一本是蓝色的。

A. 还　B. 再　C. 另　D. 又

（2）机场（　　）市区(shìqū)很远，打车要 1 个小时。

A. 跟　B. 离　C. 从　D. 在

（3）老师带新学生（　　）校园。

A. 见　B. 走　C. 见面　D. 参观

（4）我（　　）家去公园。

A. 从　B. 离　C. 跟　D. 到

（5）宿舍（　　）食堂的东边。

A. 离　B. 从　C. 到　D. 在

（6）银行的西边（　　）健身房。

A. 在　B. 是　C. 离　D. 到

（7）我有一个妹妹(mèimei)，（　　）有一个弟弟(dìdi)。

A. 还　B. 再　C. 又　D. 另

（8）A：你们的学校（　　）。

B：谢谢！

A. 马马虎虎(mǎmǎhūhū)　B. 真不错　C. 真错　D. 不很错

**3. 选出不同类的词语**。Choose the words of different types.

（1）A. 教学楼　B. 办公楼　C. 图书馆　D. 机场　（　）

（2）A. 游泳　B. 跑步　C. 学习　D. 打球　（　）

（3）A. 明天　B. 今天　C. 每天　D. 后天　（　）

（4）A. 一边　B. 右边　C. 南边　D. 左边　（　）

（5）A. 运动场　B. 校园　C. 游泳池　D. 健身房　（　）

**4. 根据描述画图**。Draw pictures according to the descriptions.

（1）宿舍在图书馆东边。

（2）教学楼在办公楼对面。

（3）餐厅西边有一个游泳池。

（4）健身房南边有一个亭子，亭子的西边是湖。

**5. 介绍你的学校。** Introduce your school.

请用学习过的方位词（东、西、南、北、上、下、左、右、前、后）和句式（“在……”“有……”“离……远/近”）等介绍你的学校。

______________________________

______________________________

______________________________

______________________________

______________________________

______________________________

**6. 游戏：完成画图。** Game: Complete the pictures.

一名学生蒙住眼睛，全班同学指挥他走到讲台。在讲台上有一张缺了面部器官的脸，该学生要在同学的描述下画出缺失的器官。

**7. 完成对话。** Complete the dialogues.

（一）

A：请问______________________________

B：图书馆在西边。

A：________________________________

B：一直往前走，在第一个路口往左拐。

A：谢谢！

B：________________________________

（二）

A：________________________________

B：我们学校很大，学校里有图书馆、咖啡店、银行、超市……

A：你们学校真大啊！

B：是的，但是教学楼太远了。

A：________________教学楼？

B：很多人骑自行车去。

A：________________________________

B：教学楼南边是办公楼。

**8. 我是导游**。Workshop：I am a tourist guide.

制作一个视频，用中文介绍你的校园，并发到微信朋友圈或视频号上。

# 第二课　明天有小雨

# There will be light rain tomorrow

## 课前热身 Warming up

你喜欢什么样的天气？你知道这些天气用中文怎么说吗？What kind of weather do you like? Do you know how to name them in Chinese?

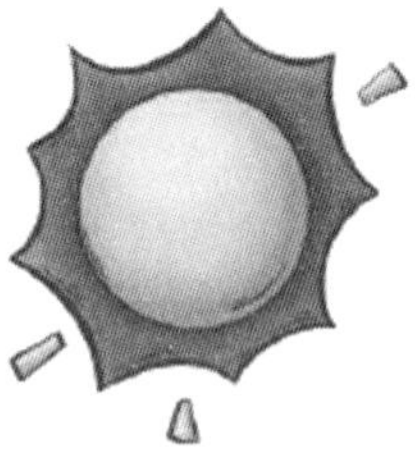

## 生词 New words

| | | | | |
|---|---|---|---|---|
| 1 | 天气 | tiānqì | 名 | weather |
| 2 | 预报 | yùbào | 名/动 | forecast |
| 3 | 了 | le | 助 | a modal particle in a sentence to indicate a change or new circumstance |

| | | | | |
|---|---|---|---|---|
| 4 | 度 | dù | 名 | degree, a unit of measurement for temperature |
| 5 | 晴天 | qíngtiān | 名 | sunny day |
| 6 | 最 | zuì | 副 | most |
| 7 | 高 | gāo | 形 | high |
| 8 | 气温 | qìwēn | 名 | air temperature |
| 9 | 低 | dī | 形 | low |
| 10 | 时候 | shíhou | 名 | (the duration of) time |
| 11 | 冷 | lěng | 形 | cold |
| 12 | 舒服 | shūfu | 形 | comfortable |
| 13 | 这么 | zhème | 代 | so, like this |
| 14 | 爬 | pá | 动 | to climb, to crawl, to get up |
| 15 | 山 | shān | 名 | mountain |
| 16 | 行 | xíng | 动 | fine, ok |
| 17 | 有事 | yǒu shì | | have something to do |
| 18 | 移民局 | yímín jú | | immigration office |
| 19 | 查 | chá | 动 | to search, to check, to look for |
| 20 | 过 | guò | 动 | to pass time |
| 21 | 一会儿 | yíhuìr | 数量 | a while |
| 22 | 哎呀* | āiyā | 叹 | Ah! Oh, my! |
| 23 | 下雨 | xià yǔ | | to rain |
| 24 | 刮 | guā | 动 | (of the wind) to blow |
| 25 | 风 | fēng | 名 | wind |

| | | | | |
|---|---|---|---|---|
| 26 | 那 | nà | 连 | then, in that case |
| 27 | 改天 | gǎitiān | 副 | another day |
| 28 | 暖和 | nuǎnhuo | 形 | warm |

## 课文 Text

### 课文 1 Text 1

Ālǐ : Jīntiān de tiānqì yùbào nǐ kàn le ma?
**阿里**：今天 的 天气 预报 你 看 了 吗？

Mǐyà : Kàn le。
**米亚**：看 了。

Ālǐ : Jīntiān tiānqì zěnmeyàng? Duōshao dù?
**阿里**：今天 天气 怎么样？ 多少 度？

Mǐyà : Tiānqì yùbào shuō, jīntiān shì qíngtiān, zuì gāo qìwēn dù, zuì dī dù。
**米亚**：天气 预报 说，今天 是 晴天，最 高 气温 25 度，最 低 18 度。

Ālǐ : Jīntiān tiānqì zhēn hǎo。
**阿里**：今天 天气 真 好。

Mǐyà : Shì de, xiànzài shì Guǎngzhōu tiānqì zuì hǎo de shíhou, bù lěng yě bú rè, hěn shūfu。
**米亚**：是 的，现在 是 广州 天气 最 好 的 时候，不 冷 也 不 热，很 舒服。

Ālǐ : Tiānqì zhème hǎo, zánmen qù páshān ba。
**阿里**：天气 这么 好， 咱们 去 爬山 吧。

Mǐyà : Jīntiān bù xíng, wǒ yǒu shì, yào qù yímín jú。
**米亚**：今天 不 行，我 有 事，要 去 移民 局。

## 课文2 Text 2

Ālǐ ：Míngtiān zánmen qù Dàfū Shān qí zìxíngchē, zěnmeyàng?
**阿里：** 明天 咱们 去 大夫 山 骑 自行车， 怎么样？

Àiwén：Kàn yí xià míngtiān de tiānqì ba。
**艾文：** 看 一 下 明天 的 天气 吧。

Ālǐ ：Hǎo de, wǒ xiànzài chá yí xià。
**阿里：** 好 的，我 现在 查 一 下。

(guò le yíhuìr)
(过 了 一会儿)

Ālǐ ：Āiyā, míngtiān xiàyǔ, hái guāfēng, yǒudiǎnr lěng。
**阿里：** 哎呀， 明天 下雨，还 刮 风， 有点儿 冷。

Àiwén：Shì ma? Nà gǎitiān qù ba。
**艾文：** 是 吗？那 改天 去 吧。

Ālǐ ：Wǒ chále tiānqì yùbào, hòutiān tiānqì búcuò, nuǎnhuo yìdiǎnr。
**阿里：** 我 查了 天气 预报， 后天 天气 不错， 暖和 一点儿。

Àiwén：Nà zánmen hòutiān qù ba。
**艾文：** 那 咱们 后天 去 吧。

# 语言知识 Language guidelines

## 知识1 Tip 1

**“了$_1$”**

“今天的天气预报你看了吗？”

加在动词之后表示动作所处的阶段的助词叫动态助词。动态助词“了”加在动词后边，表示动作的完成。

The particle placed after a verb to explain the temporary gradation of an action is called an aspect particle. The aspect particle “了” placed after a verb denotes that the action is accomplished.

例如：

E. g. ,

(1) 我吃了一个面包。

(2) 我看了一本书。

(3) 他写了 5 个字。

否定形式是在动词前加“没（有）”，句末不用“了”。

The negation is formed by placing“没（有）”before the verb, and “了” should be onvitted at the end of the sentence.

例如：

E. g. ,

(4) 我没看书。

(5) 他今天没做作业。

发生在过去的动作，如果是经常性的或者不需要着重说明动作已经完成时，动词后不加“了”。

As for the action taking place in the past, if it has happened frequently or if there is no need to emphasize that if has happened in the past, there should be no “了” after the verb.

例如：

E. g. ,

(6) 他每天早上去跑步。(他每天早上去了跑步。×)

(7) 去年9月我在广州学习中文。(去年9月我在广州学习了中文。×)

注意：动作的完成只表示动作所处的阶段，与动作发生的时间（过去、现在、将来）无关。“了”并不是只用在过去的事件中。

Note: “了” only signifies the completion of the action within the context, and has nothing to do with the time when the action happens (past, present, future). “了” is not only used in referring to past events.

例如：

E. g. ,

(8) 我明天中午吃了饭就去找你。

## 知识❷ Tip 2

**“那”**

“那咱们后天去吧。”

连词“那”表示顺着上文的语意说应有的结果或作出判断（上文可以是对方的话，也可以是自己提出的问题或假设）。

The conjunction “那” indicates the result or judgment from a previous situation (it can be the other party's words or the speaker's questions or assumptions).

例如：

E. g. ,

(1) A：现在坐车很堵。

B：那咱们坐地铁去吧。

（2）不是妈妈买的，也不是爸爸买的，那肯定是哥哥买的。

（3）你说这部电影好看，那咱们一起去看吧。

## 练习 Exercises

**1. 看图写词语，并根据句子意思选择相应图片。** Write the words according to the pictures, and choose the pictures according to the sentences.

A.（　　　　）

B.（　　　　）

C.（　　　　）

D.（　　　　）

E.（　　　　）

F.（　　　　）

（1）外面很（　　　　），你要多穿点衣服。

（2）外面正在（　　　　），树刮倒了。

（3）我们这里现在天气很好，是（　　　　）。

（4）今天太（　　　　）了，你要多喝水。

（5）现在正在（　　　　），记得带雨伞。

（6）坐在火边很（　　　　）。

**2. 选词填空。** Choose the right words to fill in the blanks.

（一）

| 过 | 查 | 气温 | 舒服 | 行 | 时候 |
|---|---|---|---|---|---|

（1）晚上我们去喝咖啡，（　　　　）吗？

（2）这个汉字，你不认识可以（　　　　）词典（cídiǎn）。

（3）你什么（　　　　）去图书馆学习？

（4）（　　　　）一会儿，我就做作业。

（5）今天我的身体不（　　　　），所以我不去上课。

（6）今天（　　　　）很高，外面很热。

（二）

| 不 | 没 |
|---|---|

（7）昨天我（　　　　）去健身房，我去运动场跑步了。

（8）我（　　　　）常去图书馆看书，我常在宿舍看书。

（9）我今天（　　　　）想去移民局，太累了。

（10）我昨天（　　　　）去移民局，我跟朋友去爬山了。

（11）昨天的电影我（　　　　）看，（　　　　）知道好看不好看。

（12）昨天我（　　　　）去，因为我（　　　　）想去。

**3. 组句。** Rearrange the words to form a sentence.

（1）天气　好　今天　真　的

______________________________

（2）天气预报　你　吗　今天的　看了

______________________________

（3）自行车　大夫山　咱们　去　骑　明天　吧

______________________________

（4）吧　一下　的　天气　看　明天

______________________________

（5）天气　是　广州　的时候　现在　最好

______________________________

**4. 用“了”完成句子**。Make sentences with“**了**”.

（1）A：______________________________

B：我去了商店。

（2）A：你买了什么？

B：______________________________

（3）A：______________________________

B：我还没吃。

（4）A：他吃了几个饺子？

B：______________________________

**5. 改错句**。Correct the sentences.

（1）他每个周末去打了球。

______________________________

（2）明天我没去了公园。

______________________________

（3）我每天都去了餐厅吃饭。

______________________________

（4）手机一点儿贵。

______________________________

（5）我可以说中文一点儿。

______________________________

（6）今天天气冷有点儿。

______________________________

**6. 带“了”句子大比拼**。Competition of making sentences with “了”.

学生分成 3 ~5 组，每组轮流说出一句带“了”的句子，说错的小组或超过规定时间未说出句子的小组将被淘汰。

**7. 自助游**。DIY tour.

假如你计划和朋友一起去旅行，请你查一下目的地（mù dì dì）未来几天的天气，记下来，并写出相应的安排（ānpái）。

| | | | | |
|---|---|---|---|---|
| chéngshì 城市 | | | | |
| 日期 | | | | |
| 天气 | | | | |
| 气温 | | | | |
| 安排 | | | | |

**8. 人人都是天气预报员。** Everyone is a weather forecaster.

观看中文电视台上的天气预报节目，模仿天气预报员报道当地或自己家乡的天气，录成视频发到微信朋友圈或视频号上。

可参考以下模板：

guānzhòng
观众朋友们，大家好！今天是______年______月______日，星期______。欢迎(huānyíng)大家收看(shōukàn)今天的《天气预报》。我是主持(zhǔchí)人__________。

现在播报(bōbào)今天__________（城市名）的天气预报。

今天夜间(yèjiān)到明天白天，__________（城市名）天气晴，最高气温______℃（摄氏度 shèshìdù），最低气温______℃（摄氏度），东南风三到四级(jí)。（空气 kōngqì 质量 zhìliàng：优 yōu）

今天的天气预报就播报到这里。我们明天再见！

# 第三课　我喜欢中秋节

# I like Mid-Autumn Festival

## 课前热身 Warming up

你知道哪些中国节日？What Chinese festivals do you know?

## 生词 New words

| | | | | |
|---|---|---|---|---|
| 1 | 放假 | fàngjià | 动 | to have a vacation |
| 2 | 重要 | zhòngyào | 形 | important |
| 3 | 节日 | jiérì | 名 | festival |
| 4 | 之一 | zhī yī | | one of |
| 5 | 它 | tā | 代 | it |

| | | | | |
|---|---|---|---|---|
| 6 | 团圆 | tuányuán | 动 | to have reunion |
| 7 | 家人 | jiārén | 名 | family members |
| 8 | 赏 | shǎng | 动 | to enjoy |
| 9 | 月饼 | yuèbing | 名 | moon cake |
| 10 | 公园 | gōngyuán | 名 | park |
| 11 | 里面 | lǐmiàn | 名 | inside |
| 12 | 花灯 | huādēng | 名 | festival lantern |
| 13 | 展览 | zhǎnlǎn | 动 | exhibition，show |
| 14 | 大家 | dàjiā | 代 | everyone |
| 15 | 猜 | cāi | 动 | to guess |
| 16 | 灯谜 | dēngmí | 名 | lantern riddle |
| 17 | 次 | cì | 量 | time，used for recurring events |
| 18 | 月亮 | yuèliang | 名 | moon |
| 19 | 又……又…… | yòu……yòu…… | | both…and… |
| 20 | 圆 | yuán | 形 | round |
| 21 | 地方 | dìfang | 名 | place |
| 22 | 挂 | guà | 动 | to hang |
| 23 | 灯笼 | dēnglong | 名 | lantern |
| 24 | 送 | sòng | 动 | to send，to deliver；to see sb. off/out |
| 25 | 盒（子） | hé（zi） | 名 | box |
| 26 | 自己 | zìjǐ | 代 | oneself |
| 27 | 起来 | qǐlái | 动 | like |
| 28 | 好吃 | hǎo chī | | delicious |

| | | | | |
|---|---|---|---|---|
| 29 | 会 | huì | 动 | can, be able to |
| 30 | 中国通 | zhōngguó tōng | | China hand |
| 31 | 尝 | cháng | 动 | to taste |

**专名 Proper nouns**

| | | |
|---|---|---|
| 中秋节 | Zhōngqiū Jié | Mid-Autumn Festival |

## 课文 Text

### 课文1 Text 1

lǎoshī: Tóngxué men, míngtiān shì Zhōngqiū Jié, wǒmen fàngjià。
**老师**：同学　们，明天　是　中秋　节，我们　放假。

xuéshēng: Tài hǎo le! Shénme shì Zhōngqiū Jié?
**学生**：太　好　了！什么　是　中秋　节？

lǎoshī: Zhōngqiū Jié shì Zhōngguó zhòngyào de jiérì zhī yī。Tā shì yí gè tuányuán de jiérì。
**老师**：中秋　节　是　中国　重要　的　节日　之　一。它　是　一　个　团圆　的　节日。

xuéshēng: Zhōngqiū Jié Zhōngguó rén chángcháng zuò shénme?
**学生**：中秋　节　中国　人　常常　做　什么？

lǎoshī: Nà yì tiān jiārén yìqǐ shǎng yuè、chī yuèbing …… Gōngyuán lǐmiàn yǒu huādēng zhǎnlǎn, dàjiā kěyǐ qù shǎng huādēng、cāi dēngmí。
**老师**：那　一　天　家人　一起　赏　月、吃　月饼　……　公园　里面　有　花灯　展览，大家　可以　去　赏　花灯、猜　灯谜。

xuéshēng: Wǒmen yě hěn xiǎng guò yí cì Zhōngqiū Jié。
**学生**：我们　也　很　想　过　一　次　中秋　节。

## 课文 2 Text 2

Ānnà：Jīnwǎn de yuèliang zhēn dà!
安娜：今晚 的 月亮 真 大！

Mǐnà：Jīntiān shì Zhōngqiū Jié, yuèliang yòu dà yòu yuán。
米娜：今天 是 中秋 节，月亮 又 大 又 圆。

Ānnà：Hěnduō dìfang dōu guà le dēnglong, hěn piàoliang。
安娜：很多 地方 都 挂 了 灯笼，很 漂亮。

Mǐnà：Péngyou sòng le yì hé tā zìjǐ zuò de yuèbing gěi wǒ, wǒmen yìqǐ chī ba。
米娜：朋友 送 了 一 盒 她 自己 做 的 月饼 给 我，我们 一起 吃 吧。

Ānnà：Kàn qilai hěn hǎochī, shì Zhōngguó péngyou ma?
安娜：看 起来 很 好吃，是 中国 朋友 吗？

Mǐnà：Bú shì, shì yí gè Měiguó péngyou。
米娜：不 是，是 一 个 美国 朋友。

Ānnà：Měiguó péngyou yě huì zuò yuèbing a?
安娜：美国 朋友 也 会 做 月饼 啊？

Mǐnà：Shì de, tā lái Zhōngguó shí duō nián le, shì gè zhōngguó tōng。
米娜：是 的，她 来 中国 十 多 年 了，是 个 中国通。

Ānnà：Wǒ cháng chang…… Zhēn hǎo chī! Wǒ xǐhuan Zhōngqiū Jié!
安娜：我 尝 尝…… 真 好 吃！我 喜欢 中秋 节！

## 语言知识 Language guidelines

### 知识 1 Tip 1

**“又……又……”**

“又大又圆”

“又……又……”连接并列的形容词、动词或者形容词词组、动词词组，表达两种情况或者状态同时存在。

“又……又……”（“both…and…”）is used to connect adjectives, verbs, verb phrases or adjectival phrases to denote simultaneous existence of two conditions or states of affairs.

例如：

E. g. ,

（1）这个苹果又大又圆。

（2）这家餐厅的菜又好吃又便宜。

（3）他又唱又跳，很开心。

**知识❷ Tip 2**

**“动词 + 起来” + (怎么样)**

“看起来很好吃”

“起来”用在少量动词后，表示从不同角度对人或事物的评价，比如：看起来、吃起来、喝起来、闻（wén）起来等。

“起来” is used after some certain verbs to evaluate a person or thing from different angles, such as “看起来，吃起来，喝起来，闻起来”, etc.

例如：

E. g. ,

（1）他看起来很累。

（2）这个月饼看起来很好吃。

（3）柠檬（níngméng）闻起来很香（xiāng），吃起来很酸（suān）。

(4) 这种(zhǒng)咖啡喝起来不错。

## 知识3 Tip 3

**"会₁"**

"美国朋友也会做月饼"

会：其中一种用法，表示有能力做某事，否定时用"不会+动词+名词"。

One of usages of "会" is to express "being capable of doing something"; the negative form of it is "不会+verb+noun".

例如：

E. g. ,

(1) 我会说中文。

(2) 我不会骑车。

(3) 你会唱中文歌吗？

## 练习 Exercises

**1. 看图写词语，并根据句子意思选择相应图片。** Write the words according to the pictures, and choose the pictures according to the sentences.

A. (　　　　)

B. (　　　　)

C. (　　　　)

D. (　　　　)

E. (　　　　)

(1) 中秋节晚上，我们去公园赏（　　　　），猜灯迷。

(2) 中秋节人们喜欢吃（　　　　）。

(3) 周末我常常去（　　　　）玩。

(4) 今晚的（　　　　）不圆。

(5) 大红（　　　　）高高挂。

**2. 词语配配乐。找出能相互搭配的词语，先划掉，然后写到横线上。** Phrase pairing. Find words that match each other, cross them out, and write them on the line.

| | | | |
|---|---|---|---|
| 赏 | 挂 | 放 | 吃 |
| 猜 | 看 | 中秋 | 中国 |
| 灯笼 | 通 | ~~花灯~~ | 节 |
| 假 | 月饼 | 灯谜 | 展览 |

赏花灯、______________________________

______________________________

**3. 看图，用“又……又……”和给出的词语完成句子。** Complete the sentences with “**又…又…**” and the given words according to the pictures.

（1）这里的咖啡______________________________。

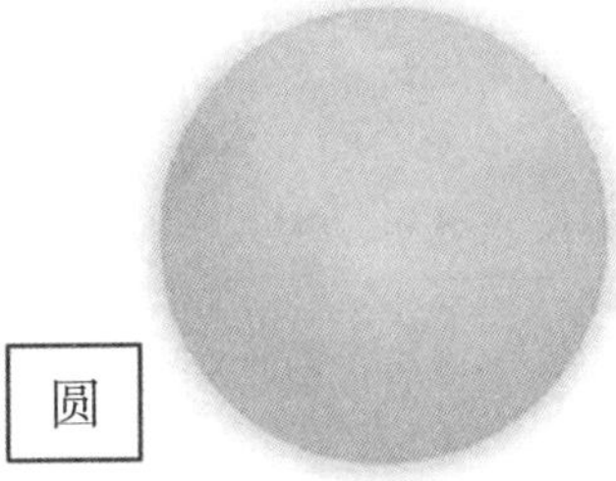


（2）中秋节的月亮＿＿＿＿＿＿＿＿＿＿＿＿＿＿＿＿＿＿＿＿＿＿＿＿。

（3）这个苹果＿＿＿＿＿＿＿＿＿＿＿＿＿＿＿＿＿＿＿＿＿＿＿＿＿＿。

（4）她的头发＿＿＿＿＿＿＿＿＿＿＿＿＿＿＿＿＿＿＿＿＿＿＿＿＿＿。

**4. 造句**。Make sentences.

(1) 她　看起来

(2) 包子　闻起来

(3) 这件事　听起来

(4) 你做的菜　看起来　吃起来

(5) 榴莲(liúlián)　闻起来　吃起来

**5. 组句**。Rearrange the words to form a sentence.

(1) 家人　那天　赏月　和　一起　中秋节　他

(2) 的时候　很多　灯笼　中秋节　挂　地方

(3) 中国通　一个　他　是

(4) 我　做　月饼　是　的　之一　会　学生

(5) 节日　重要　之一　中国　是　中秋节　的

(6) 今晚 又 月亮 的 大 圆 又

______________________________________________

**6. 完成对话。**Complete the dialogues.

(1) A：昨天晚上你做什么了？

B：______________________________________________。

A：看了什么电影？

B：______________________________________________。

(2) A：你去商店了没有？

B：______________________________________________。

A：买本子了吗？

B：______________________________________________。

A：______________________________________________？

B：买了三本。

(3) A：你吃饭了吗？

B：______________________________________________。

A：吃了什么？

B：______________________________________________。

**7. 唱歌学中文。**Learn Chinese by singing.

Dàn yuàn rén cháng jiǔ
**但 愿 人 长 久**

（词：苏轼 曲：梁弘志）

Míngyuè jǐshí yǒu, bǎ jiǔ wèn qīngtiān。
明月 几时 有，把 酒 问 青天。

Bù zhī tiānshàng gōngquè, jīnxī shì hé nián。
不知 天上 宫阙，今昔是何年。

Wǒ yù chéng fēng guī qù, wéi kǒng qióng lóu yùyǔ,
我欲乘风归去，唯恐琼楼玉宇，

gāo chù bú shèng hán, qǐ wǔ nòng qīng yǐng, hé sì zài rénjiān。
高处不胜寒，起舞弄清影，何似在人间。

Zhuǎn zhū gé, dī qǐ hù, zhào wú mián。
转朱阁，低绮户，照无眠。

Bù yīng yǒu hèn, hé shì cháng xiàng bié shí yuán。
不应有恨，何事长向别时圆。

Rén yǒu bēihuān líhé, yuè yǒu yīn qíng yuán quē, cǐ shì gǔ nán quán。
人有悲欢离合，月有阴晴圆缺，此事古难全。

Dàn yuàn rén chángjiǔ, qiānlǐ gòng chánjuān。
但愿人长久，千里共婵娟。

**8. 我要当中国通**。I want to be a China hand.

根据下面的故事，拍一个介绍中秋节的视频并发到微信朋友圈或视频号上。

很久很久以前，天上突然(tūrán)出现十个太阳，天气又热又干(gān)。这时有一位叫后羿(Hòu Yì)的人，他身体很好，力气(lìqi)很大，他用箭(jiàn)把九个太阳射(shè)了下来。天上的神仙(shénxiān)为了感(gǎn)谢后羿，送给他一颗(kē)吃了不会老的药(yào)。可是，后羿出去工作的时候，他的妻(qī)子吃了这颗药，结果(jiéguǒ)飞到月亮上去，再也回不来了。后羿很想自己的妻子，所以每年八月十五这一天，都会准备(zhǔnbèi)妻子爱吃的月饼放在月亮下，希望(xīwàng)她能回来。后来就有了中秋节吃月饼的习俗(xísú)。

# 第四课　请帮我剪短一点儿

# Please trim my hairs a little bit

## 课前热身 Warming up

来中国以后，你去过这个地方了吗？你多久理一次发？Have you been to this place since you came to China? How often do you have your hair cut?

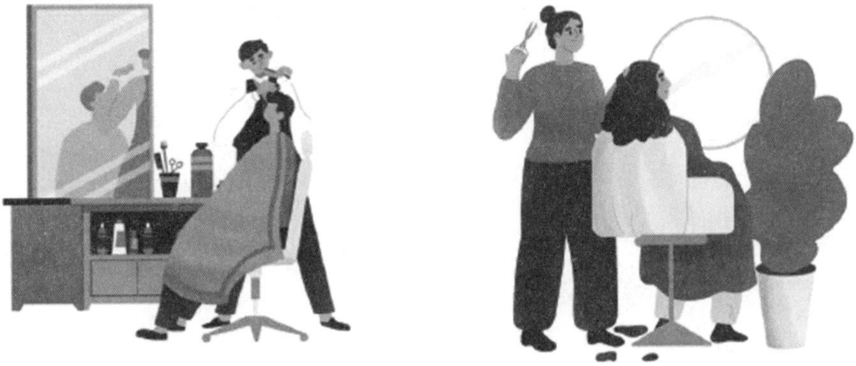

## 生词 New words

| | | | | |
|---|---|---|---|---|
| 1 | 剪 | jiǎn | 动 | to cut，to shear |
| 2 | 短 | duǎn | 形 | short |
| 3 | 欢迎 | huānyíng | 动 | to welcome |

| | | | | |
|---|---|---|---|---|
| 4 | 光临 | guānglín | 动 | to present (as a guest) |
| 5 | 理发店 | lǐfà diàn | | barbershop |
| 6 | 发型 | fàxíng | 名 | hair style |
| 7 | 只 | zhǐ | 副 | only |
| 8 | 发型师 | fàxíng shī | | hairstylist |
| 9 | 安排 | ānpái | 动 | to arrange |
| 10 | 让 | ràng | 动 | to let, to make |
| 11 | 贵重 | guìzhòng | 形 | precious, valuable |
| 12 | 放 | fàng | 动 | to put |
| 13 | 柜子 | guìzi | 名 | cabinet |
| 14 | 先 | xiān | 副 | firstly |
| 15 | 洗 | xǐ | 动 | to wash |
| 16 | 烫 | tàng | 动 | to have a perm; hot |
| 17 | 染 | rǎn | 动 | to dye |
| 18 | 流行 | liúxíng | 动 | popular |
| 19 | 杂志 | zázhì | 名 | magazine |
| 20 | 特别 | tèbié | 副 | particularly, specially |
| 21 | 时尚 | shíshàng | 形 | modern |
| 22 | 觉得 | juéde | 动 | feel like, think |
| 23 | 适合 | shìhé | 动 | to fit, to suit |
| 24 | 脸型 | liǎnxíng | 名 | face shape |
| 25 | 款 | kuǎn | 量 | style |
| 26 | 最好 | zuìhǎo | 副 | best, had better |
| 27 | 如果 | rúguǒ | 连 | if |

**专有名词 Proper nouns**

美美理发店　Měiměi Lǐfà Diàn　Meimei Barbershop

## 课文 Text

### 课文1 Text 1

fúwùyuán：Nín hǎo, huānyíng guānglín Měiměi Lǐfà Diàn, nín xiǎng jiǎn shénme fàxíng?
**服务员**：您好，欢迎光临美美理发店，您想剪什么发型？

Wáng Lèle：Wǒ zhǐ xiǎng jiǎn duǎn yìdiǎnr。
**王乐乐**：我只想剪短一点儿。

fúwùyuán：Nín yǒu rènshi de fàxíng shī ma?
**服务员**：您有认识的发型师吗？

Wáng Lèle：Méiyǒu, wǒ dìyī cì lái。
**王乐乐**：没有，我第一次来。

fúwùyuán：Nà wǒ bāng nín ānpái yíxià, hào fàxíng shī búcuò, ràng tā gěi nín jiǎn ba。
**服务员**：那我帮您安排一下，7号发型师不错，让他给您剪吧。

Wáng Lèle：Hǎo de。
**王乐乐**：好的。

fúwùyuán：Guìzhòng dōngxi kěyǐ fàng zài guìzi li, nín xiān qù xǐtóu ba。
**服务员**：贵重东西可以放在柜子里，您先去洗头吧。

### 课文2 Text 2

fàxíngshī：Nín xiǎng jiǎnfà háishi tàng rǎn?
**发型师**：您想剪发还是烫染？

Wáng Lèle：Qǐng bāng wǒ jiǎn duǎn yìdiǎnr。
**王 乐乐**：请 帮 我 剪 短 一点儿。

fàxíngshī：Jīnnián liúxíng duǎnfà，nín kàn zázhì shàng zhège fàxíng zěnmeyàng? Tèbié shíshàng，yě hěn shìhé nín。
**发型师**：今年 流行 短发，您 看 杂志 上 这个 发型 怎么样？特别 时尚，也 很 适合 您。

Wáng Lèle：Wǒ juéde bú tài shìhé wǒ de liǎnxíng。
**王 乐乐**：我 觉得 不 太 适合 我 的 脸型。

fàxíngshī：Nà zhè kuǎn ne?
**发型师**：那 这 款 呢？

Wáng Lèle：Tǐng hǎokàn de。
**王 乐乐**：挺 好看 的。

fàxíngshī：Zuìhǎo tàng yíxià，rǎn gè yánsè。
**发型师**：最好 烫 一下，染 个 颜色。

Wáng Lèle：Yígòng duōshao qián?
**王 乐乐**：一共 多少 钱？

fàxíngshī：Wǔ bǎi bā。Rúguǒ nín shì xuéshēng，hái kěyǐ dǎ bā zhé。
**发型师**：五 百 八。如果 您 是 学生， 还 可以 打 八 折。

Wáng Lèle：Xíng，jiù zhège ba!
**王 乐乐**：行，就 这个 吧！

## 语言知识 Language guidelines

### 知识1 Tip 1

### 兼语句 教学视频

“让他给您剪吧。”

中文表达“让某人做某事”的意义时，用兼语句，这种句子的谓语是由两个动宾词组构成的，前一个动词的宾语又是第二个动词的主语，前一个动词常常是“请”“让”“叫”“派(pài)”等有使令意义的动词。

A pivotal sentence is used in Chinese to express the meaning of "let someone do something". The predicate of this kind of sentence is composed of two verb-object phrases. The object of the former verb is the subject of the second verb. The former verb often is "请", "叫", "让", "派", or other causative verbs.

句子的语序是：

The grammatical order for a pivotal sentence is:

主语 + 使令动词（请、叫、让、派）+ 兼语（宾语/主语）+ 动词 + 宾语

subject + causative verb（请，叫，让，派）+ pivotal word（object/subject）+ verb + object

| 主语 | 使令动词 | 兼语 | 动词 | 宾语 |
| --- | --- | --- | --- | --- |
| 老师 | 让 | 我 | 去 | 办公室 |
| 妈妈 | 叫 | 妹妹 | 写 | 作业 |
| 他 | 请 | 朋友 | 到 | 他家 |
| 公司 | 派 | 哥哥 | 去 | 中国 |

## 知识 2 Tip 2

**"如果"**

"如果您是学生，还可以打八折。"

"如果"表示假设，用在假设复句首句，后边的句子常常用"就"连接假设情况下产生的结果。

“如果”, which means “if”, is used to introduce an adverbial clause of condition. “就” isusually used in the subsequent maih clause to lead to the result umder such a hypothesis.

例如:

E. g. ,

(1) 如果想家，就给妈妈打个电话吧。

(2) 如果你下午有时间，就一起去超市吧。

(3) 如果明天天气好，咱们就去公园玩。

## 知识3 Tip 3

**“最好”**

“最好烫一下，染个颜色。”

“最好”表示最理想的选择，常用于给别人建议。

“最好” is used to introduce the best choice and advise others.

例如:

E. g. ,

(1) 外边下雨了，你最好带雨伞(yǔsǎn)。

(2) 生病了，最好去医院看看。

(3) 有问题，最好问老师。

## 练习 Exercises

**1. 词语配配乐。找出能相互搭配的词语，先划掉，然后写到横线上。** Phrase pairing. Find words that match each other，cross them out，and write them on the line.

| | | | |
|---|---|---|---|
| ~~烫~~ | 打 | 看 | 剪 |
| 欢迎 | 贵重 | 染 | 特别 |
| 短一点儿 | 东西 | 杂志 | 光临 |
| ~~头发~~ | 颜色 | 时尚 | 折 |

烫头发、________________________________________________

________________________________________________________

**2. 选词填空。** Choose the right words to fill in the blanks.

| | | | | |
|---|---|---|---|---|
| 时尚 | 流行 | 放 | 贵重 | 安排 |
| 欢迎 | 适合 | 特别 | 让 | 发型 |

（1）明天的事情你________好了吗？

（2）这个________怎么样，短不短？

（3）今年是不是________红色？很多人染这个颜色。

（4）________你来我家玩儿。

（5）这件衣服不________你，你最好看看别的。

（6）妈妈，我的那件衣服你________在哪儿了？

（7）老师________大卫去一下办公室。

（8）这件礼物太________了，我不可以收。

（9）你烫这个发型________好看。

（10）他穿衣服一直都很________。

**3. 组句**。Rearrange the words to form a sentence.

（1）剪　只想　一点儿　短　我

________________________________________

（2）剪　7 号发型师　让　给你　吧

________________________________________

（3）阿里　我们　去他家　请　吃饭

________________________________________

（4）公司　去北京　我　派

________________________________________

（5）这是　第一次　我　广州　来

________________________________________

（6）书包里　可以　我的　放在　贵重东西

________________________________________

**4. 完成句子。** Complete the sentences.

（一）

（1）A：你明天去公园吗？

B：如果＿＿＿＿＿＿，＿＿＿＿＿＿。

（2）A：下周跟我们一起去北京吧！

B：如果＿＿＿＿＿＿，＿＿＿＿＿＿。

（3）A：下午我们一起去看电影吧！

B：如果＿＿＿＿＿＿，＿＿＿＿＿＿。

（4）A：这件衣服很适合你，买吧！

B：如果＿＿＿＿＿＿，＿＿＿＿＿＿。

（二）

（5）A：我们这个周末去爬山吗？

B：最近大家都太忙了，最好＿＿＿＿＿＿＿＿＿＿。

（6）A：我们怎么回学校？

B：我们最好＿＿＿＿＿＿＿＿＿＿＿＿＿＿＿＿。

（7）A：呀！雨这么大，我怎么去学校呢？

B：你最好＿＿＿＿＿＿＿＿＿＿＿＿＿＿＿＿＿。

（8）A：林一生病很长时间了，还没好。

B：他最好＿＿＿＿＿＿＿＿＿＿＿＿＿＿＿＿＿。

**5. 我说你做。** Follow my instruction.

老师先准备好写有学生名字的纸条，每位同学抽一张，然后用抽到的名字写一个兼语句，比如：我叫张三唱歌。句子正确，那么“张三”就需要唱歌。如果句子不正确，则写句子的学生要接受惩罚。已经使用过的指令不可再用。

**6. 完成对话。** Complete the dialogues.

安　娜：你今天换________了？真好看。

王乐乐：谢谢！我昨天________，你觉得怎么样？短不短？

安　娜：不短。今年________，特别________，也很________。

王乐乐：我还________了一个颜色。好看吗？

安　娜：好看，很适合你。剪发和烫染____________？

王乐乐：你猜猜！

安　娜：这么好看，最少也要800块吧？

王乐乐：哈哈，不对，580块，如果________，还可以________。

安　娜：这么便宜，我也要________。你在哪儿剪的？

王乐乐：就在学校东门旁边！

安　娜：几号________给你做的？

王乐乐：七号。

**7. 看图，用词造句。** Make sentences with the given words according to the pictures.

| | | | |
|---|---|---|---|
| (1) | 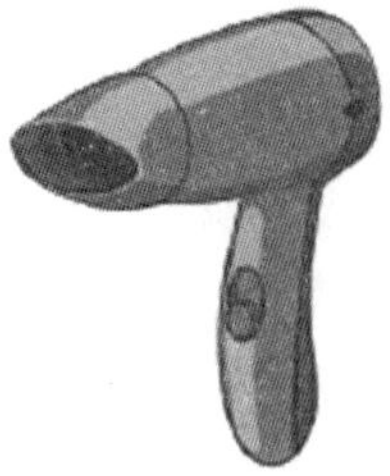 | 吹风机 | |

| | | | |
|---|---|---|---|
| (2) |  | 洗头 | |
| (3) |  | 打折 | |
| (4) |  | 杂志 | |

**8. 比一比。** Make a comparison.

fúwù xiàngmù jiàgé

调查一下学校或者你家附近理发店的服务 项目 及价格，和你国家的比一比。

| 理发店名字 | 服务项目和价格 | | | | | |
|---|---|---|---|---|---|---|
| | 洗吹 | 单剪 | 洗剪吹 | 染发 | 烫发 | 直发 |
| | | | | | | |
| | | | | | | |
| | | | | | | |

# 第五课　下星期有运动会

## Sports meeting going on next week

### 课前热身 Warming up

你喜欢什么运动？喜欢看什么运动比赛？What sports do you like? What sports do you like to watch?

### 生词 New words

| | | | | |
|---|---|---|---|---|
| 1 | 运动会 | yùndònghuì | 名 | sports meeting |
| 2 | 报名 | bàomíng | 动 | to register, to sign up |
| 3 | 项目 | xiàngmù | 名 | program, item |
| 4 | 跳高 | tiàogāo | 动 | high jump |

| | | | | |
|---|---|---|---|---|
| 5 | 跳远 | tiàoyuǎn | 动 | long jump |
| 6 | 铅球 | qiānqiú | 名 | shot put |
| 7 | 跳绳 | tiàoshéng | 动 | rope skipping |
| 8 | 千 | qiān | 数 | thousand |
| 9 | 米 | mǐ | 量 | meter |
| 10 | 表 | biǎo | 名 | form |
| 11 | 已经 | yǐjīng | 副 | already |
| 12 | 拿 | ná | 动 | to take |
| 13 | 厉害 | lìhai | 形 | awesome, amazing |
| 14 | 力气 | lìqi | 名 | strength |
| 15 | 扔 | rēng | 动 | to throw |
| 16 | 得 | de | 助 | particle |
| 17 | 得 | dé | 动 | to get |
| 18 | 冠军 | guànjūn | 名 | champion |
| 19 | 可惜 | kěxī | 形 | unfortunately |
| 20 | 打破 | dǎpò | 动 | to break |
| 21 | 纪录 | jìlù | 名 | record |
| 22 | 虽然 | suīrán | 连 | although |
| 23 | 成绩 | chéngjì | 名 | score, mark |
| 24 | 坚持 | jiānchí | 动 | to insist, to persist |
| 25 | 长跑 | chángpǎo | 名 | long-distance running |
| 26 | 明星 | míngxīng | 名 | star, celebrity |

| | | | | |
|---|---|---|---|---|
| 27 | 粉丝 | fěnsī | 名 | fans |
| 28 | 拔河 | báhé | 动 | tug of war |
| 29 | 运动员 | yùndòngyuán | 名 | athlete, sportsman |
| 30 | 加油 | jiāyóu | 动 | to cheer up |

## 课文 Text

### 课文1 Text 1

Ālǐ：Xià xīngqī yǒu yùndònghuì, nǐmen bàomíng le ma?
**阿里**：下 星期 有 运动会，你们 报名 了 吗？

Ānnà：Wǒ bào le liǎng gè xiàngmù：pǎo bù hé tiàogāo。
**安娜**：我 报 了 两 个 项目：跑 步 和 跳高。

Àiwén：Wǒ hái méi bào, hái yǒu shénme bǐsài xiàngmù?
**艾文**：我 还 没 报，还 有 什么 比赛 项目？

Ānnà：Hái yǒu tiàoyuǎn、qiānqiú he tiàoshéng。
**安娜**：还 有 跳远、铅球 和 跳绳。

Àiwén：Wǒ xiǎng bào tiàoyuǎn hé pǎo bù。
**艾文**：我 想 报 跳远 和 跑 步。

Ālǐ：Wǒ bào le yì qiān wǔ bǎi mǐ, nǐ gēn wǒ yìqǐ ba?
**阿里**：我 报 了 一 千 五 百 米，你 跟 我 一起 吧？

Àiwén：Hǎo a, zài nǎr bàomíng ne?
**艾文**：好 啊，在 哪儿 报名 呢？

Ālǐ：Bàomíng biǎo Ānnà yǐjīng ná lái le, nǐ xiě yíxià ba。
**阿里**：报名 表 安娜 已经 拿 来 了，你 写 一下 吧。

## 课文2 Text 2

Ānnà: Nǐ tài lìhai le! Lìqi nàme dà, qiānqiú rēng de nàme yuǎn, dé le guànjūn!
安娜：你太厉害了！力气那么大，铅球扔得那么远，得了冠军！

Àiwén: Kěxī méi dǎpò xuéxiào de jìlù。 Ālǐ zěnmeyàng?
艾文：可惜没打破学校的纪录。阿里怎么样？

Ānnà: Tā yě hěn búcuò, suīrán tiàoyuǎn chéngjì bú tài hǎo, dànshì yì qiān wǔ bǎi mǐ dé le dì'èr míng。
安娜：他也很不错，虽然跳远成绩不太好，但是一千五百米得了第二名。

Àiwén: Yīnwèi tā měitiān dōu jiānchí liànxí chángpǎo。
艾文：因为他每天都坚持练习长跑。

Ānnà: Nǐmen dōu shì yùndònghuì de míngxīng! Wǒ shì nǐmen de fěnsī。
安娜：你们都是运动会的明星！我是你们的粉丝。

Àiwén: Děng yíhuìr hái yǒu báhé bǐsài, wǒmen yìqǐ qù gěi yùndòngyuán jiāyóu ba!
艾文：等一会儿还有拔河比赛，我们一起去给运动员加油吧！

## 语言知识 Language guidelines

### 知识1 Tip 1

**状态补语**

“铅球扔得那么远”

状态补语是指动词后边用“得”连接的补语。由形容词和形容词词组充当，一般前面要加“很”。状态补语的主要功能是对动作行为的结果、状态等进行描写、判断和评价。状态补语所描述和评价的动作行为或状态常是经常性的、已经发生的或正在进行的。

A complement of state is a complement used after a verb and connected to it by "得". It is usually an adjective phrase, usually with "很" ("very") before it. The main function of a complement of state is to describe, appraise or evaluate the result, state, etc. of an action. The action or state described or evaluated by this kind of complement is usually a recurring one, or one that has already occurred or is in progress.

1. 肯定式：动词+得+(很)+形容词

The affirmative form: verb+得+(很)+adjective

例如：

E. g.,

(1) 他跳得很远。

(2) 她来得很早。

(3) 你说得很好。

2. 动词有宾语时，带状态补语的句子的结构形式是：

主语+(动词)+宾语+动词+得+(很)+形容词

When the verb takes an object, the structure for the sentence with a complement of state is:

subject+(verb)+object+verb+得+(很)+adjective

例如：

E. g.,

(4) 他写汉字写得很好看。

(5) 哥哥说中文说得很好。

在实际交际中，句中的第一个动词常常不说，变成主谓谓语句。

In everyday communication, the first verb is often left out, turning the sentence into one with an subject-predicate phrase as the predicate.

例如：

E. g. ,

(6) 他汉字写得很好看。

(7) 他中文歌唱得很好听。

3. 否定式：动词 + 得 + 不 + 形容词

The negative form: verb + 得 + 不 + adjective

例如：

E. g. ,

(8) 他跑得不快。

(9) 我法语说得不好。

(10) 我汉字写得不好看。

4. 问句：动词 + 得 + 形容词 + 不 + 形容词？

动词 + 得 + 形容词 + 吗？

The question form: verb + 得 + adjective + 不 + adjective?

verb + 得 + adjective + 吗?

例如：

E. g. ,

（11）他今天来得早不早？

他今天来得早吗？

（12）你法语说得好不好？

你法语说得好吗？

**知识2 Tip 2**

**“虽然……，但是……”**

“虽然跳远成绩不太好，但是一千五百米得了第二名。”

“虽然……，但是……”连接两个分句，表示转折关系。先肯定和承认“虽然”后边的事实，然后突出“但是”后边的意思。“但是”可以单用。

“虽然……，但是……” connects two clauses and indicates a transition. This pattern first affirms and admits the fact following “虽然”, and then emphasizes what follows “但是”. “但是” can be used independently.

例如：

E. g. ,

（1）虽然今天很累，但是我很开心。

（2）这里的菜虽然有点儿贵，但是很好吃。

（3）我不是很聪明，但是很努力。

## 练习 Exercises

**1. 词语配配乐。找出能相互搭配的词语，先划掉，然后写到横线上。** Phrase pairing. Find words that match each other, cross them out, and write them on the line.

| | | | |
|---|---|---|---|
| ~~参加~~ | 打破 | 得了 | 坚持 |
| 比赛 | 报名 | 冠军 | 表 |
| 纪录 | 扔 | 项目 | 很 |
| 厉害 | 长跑 | 铅球 | ~~运动会~~ |

参加运动会、______________________________

______________________________

**2. 用“虽然……，但是……”完成句子。** Complete the sentences with “**虽然……，但是……**”.

（1）虽然______________________，但是我很喜欢你。

（2）虽然明天是周末，但是______________________。

（3）虽然明天下雨，但是______________________。

（4）______________________________，但是我没有钱。

（5）A：你觉得这件衣服怎么样？

B：虽然很漂亮，但是______________________________。

（6）A：中文难吗？

B：______________________，______________________。

**3. 看图，用“动词 + 得……”写句子。** Make sentences with “verb + **得**” accoroling to the pictures.

（1）____________________________________________________________

（2）____________________________________________________________

（3）________________________________（bǎo 饱，full）

（4）________________________________

**4. 用“动词 + 得……”完成句子。**Complete the sentences with “verv + 得……”.

（1）我唱歌________________________________。（不好听）

（2）我跳远________________________________。（不太远）

（3）他扔铅球________________________________。（远）

（4）妈妈饭________________________________。（好吃）

（5）他篮球________________________________。（好）

（6）哥哥汉字________________________________。（好看）

**5. 用所给词语完成句子**。Complete the sentences with the given words.

（1）我今天没有去上课，＿＿＿＿＿＿＿＿＿＿＿＿。（因为）

（2）他很努力，＿＿＿＿＿＿＿＿＿＿＿＿＿＿。（可惜）

（3）虽然他很累，＿＿＿＿＿＿＿＿＿＿＿＿＿。（坚持）

（4）他身体很好，因为＿＿＿＿＿＿＿＿＿＿＿＿。（坚持）

（5）我没参加运动会比赛，但是＿＿＿＿＿＿＿＿。（加油）

（6）他跑步很快，＿＿＿＿＿＿＿＿＿＿＿＿＿。（报名）

**6. 完成对话**。Complete the dialogues.

A：学校明天有运动会。＿＿＿＿＿＿＿＿＿＿＿＿？

B：当然去看。

A：＿＿＿＿＿＿＿＿＿＿＿＿＿＿＿＿＿＿＿＿＿？

B：我喜欢看游泳比赛和跑步比赛。＿＿＿＿＿＿＿？

A：我喜欢看篮球比赛和跳远比赛。

B：＿＿＿＿＿＿＿＿＿＿＿＿＿＿＿＿＿＿＿＿＿？

A：篮球和跳远都是下午开始比赛。

B：＿＿＿＿＿＿＿＿＿＿＿＿＿＿＿＿＿＿＿＿＿。

A：好的。我们一起去给他们加油。

**7. 这些奥运会项目，你知道吗？**Do you know these Olympic sports?

tǐcāo
体操

táiquándào
跆拳道

jǔzhòng
举重

yǔmáoqiú
羽毛球

bàngqiú
棒球

wǎngqiú
网球

páiqiú
排球

pīngpāngqiú
乒乓球

yóuyǒng
游泳

jījiàn
击剑

shèjī
射击

kuàlán
跨栏

tiàoshuǐ
跳水

quánjī
拳击

shuāijiāo
摔跤

（1）你还知道哪些奥运会比赛项目？

（2）给同学介绍你最喜欢的一项奥运会比赛项目，说说你喜欢的原因。

**8. 我是奥运会解说员**。I am an Olympic commentator.

选择一项你最喜欢的奥运会比赛项目，选取其中 1 分钟左右的比赛片段进行中文解说。

# 第六课　去银行

# To the bank

## 课前热身 Warming up

你去过中国的银行吗？你在中国的银行办过银行卡吗？Have you ever been to a bank in China? Have you ever had a bank card from a bank of China?

## 生词 New words

| | | | | |
|---|---|---|---|---|
| 1 | 职员 | zhíyuán | 名 | staff, employee |
| 2 | 填写 | tiánxiě | 动 | to fill |
| 3 | 开户 | kāihù | 动 | to open a new account |

| | | | | |
|---|---|---|---|---|
| 4 | 护照 | hùzhào | 名 | passport |
| 5 | 输入 | shūrù | 动 | to input |
| 6 | 密码 | mìmǎ | 名 | password |
| 7 | 数字 | shùzì | 名 | number |
| 8 | 遍 | biàn | 量 | (for action) once through, a time |
| 9 | 确认 | quèrèn | 动 | to confirm |
| 10 | 错误 | cuòwù | 名 | mistake |
| 11 | 签名 | qiānmíng | 动 | to sign |
| 12 | 糟糕* | zāogāo | 形 | bad, terrible |
| 13 | 丢 | diū | 动 | to lose |
| 14 | 挂失 | guàshī | 动 | to report loss |
| 15 | 然后 | ránhòu | 连 | then |
| 16 | 该 | gāi | 动 | should |
| 17 | 补办 | bǔbàn | 动 | to reapply |
| 18 | 资料 | zīliào | 名 | material |
| 19 | 旧 | jiù | 形 | old |
| 20 | 一般 | yìbān | 形 | generally, always |
| 21 | 工作日 | gōngzuòrì | 名 | work day |
| 22 | 赶紧 | gǎnjǐn | 副 | in a hurry, quickly |

## 课文 Text

### 课文1 Text 1

Mǐnà：Nín hǎo! Wǒ yào bàn yì zhāng yínháng kǎ。
米娜：您 好！我 要 办 一 张 银行 卡。

zhíyuán：Hǎo de。Qǐng xiān tiánxiě kāihù shēnqǐng biǎo。
职员：好 的。请 先 填写 开户 申请 表。

Mǐnà：Hǎo de。
米娜：好 的。

…………

Qǐng nín kàn yí xià wǒ xiě de duì bu duì。
请 您 看 一 下 我 写 得 对 不 对。

zhíyuán：Dōu duì le。Qǐng gěi wǒ nín de hùzhào。
职员：都 对 了。请 给 我 您 的 护照。

Mǐnà：Hǎo de，zhè shì wǒ de hùzhào。
米娜：好 的，这 是 我 的 护照。

zhíyuán：Qǐng nín shūrù xīn kǎ de mìmǎ，liù wèi shùzì。
职员：请 您 输入 新 卡 的 密码，六 位 数字。

Mǐnà：Hǎo le。
米娜：好 了。

zhíyuán：Qǐng zài shūrù yí biàn mìmǎ。
职员：请 再 输入 一 遍 密码。

…………

Nín zài quèrèn yí xià，zhè zhāng biǎo rúguǒ méiyǒu cuòwù，
您 再 确认 一 下，这 张 表 如果 没有 错误，

qǐng zài zhèr qiānmíng。
请 在 这儿 签名。

Mǐnà：Xièxie nín!
米娜：谢谢 您！

zhíyuán：Bú kèqi。Qǐng ná hǎo nín de kǎ。Zàijiàn!
职员：不 客气。请 拿 好 您 的 卡。再见！

Mǐnà：Zàijiàn！
**米娜：** 再见！

## 课文 2 Text 2

Ālǐ：Āiya，zāogāo！Wǒ de yínháng kǎ diū le。
**阿里：** 哎呀，糟糕！我 的 银行 卡 丢 了。

Lín Yī：Kuài diǎnr dǎ diànhuà guàshī。
**林 一：** 快 点儿 打 电话 挂失。

(dǎ diànhuà hòu)
(打 电话 后)

Ālǐ：Yǐjīng guàshī le。Ránhòu gāi zěnmebàn ne？
**阿里：** 已经 挂失 了。然后 该 怎么办 呢？

Lín Yī：Xiànzài kěyǐ qù yínháng bǔbàn xīn kǎ。
**林 一：** 现在 可以 去 银行 补办 新 卡。

Ālǐ：Wǒ xūyào dài shénme zīliào？
**阿里：** 我 需要 带 什么 资料？

Lín Yī：Yào dài hùzhào。Diànhuà guàshī hòu，jiù kǎ jiù méiyòng le，
**林 一：** 要 带 护照。电话 挂失 后，旧 卡 就 没用 了，

nǐ kěyǐ shēnqǐng bǔbàn xīn kǎ，yìbān gè gōngzuòrì hòu jiù
你 可以 申请 补办 新 卡，一般 7 个 工作日 后 就

kěyǐ nádào xīn kǎ le。
可以 拿到 新 卡 了。

Ālǐ：Hǎo de。Nà wǒ xiànzài gǎnjǐn qù yínháng。
**阿里：** 好 的。那 我 现在 赶紧 去 银行。

Lín Yī：Duì！Gǎnjǐn qù ba。
**林 一：** 对！赶紧 去 吧。

## 语言知识 Language guidelines

### 知识 1 Tip 1

**“了$_2$”**

“我的银行卡丢了。”

“了”用在句末表示情况的变化或者新情况的出现。

“了” can be used at the end of a sentence to signify that the situation has changed or that a new situation has emerged.

例如：

E. g. ,

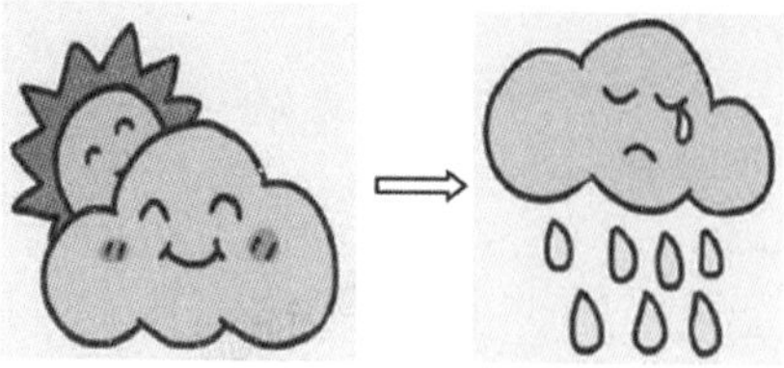

（1）下雨了。

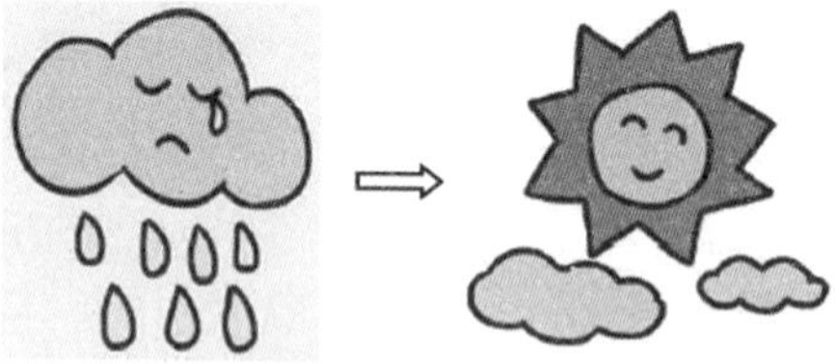

（2）天晴了。

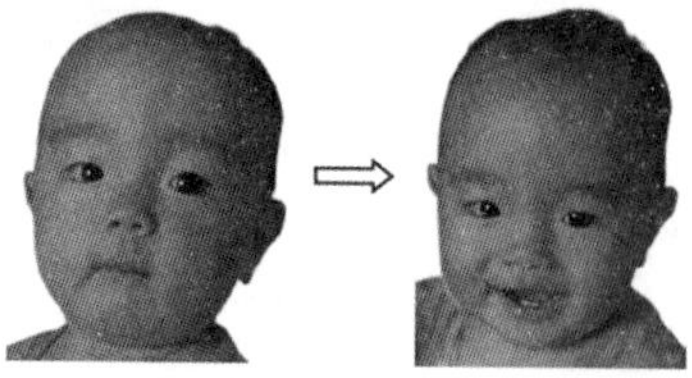

（3）她笑了。

（4）花开了。

（5）饭做好了，可以吃了。

（6）我想你了。

“了$_2$”可以用在否定句中。

“了$_2$” can be used in negative sentences.

例如：

E. g. ,

(7) 他没钱了，不买车了。

(8) 你看，没雨了，我们出去玩吧。

(9) 我现在不喜欢你了。

正反疑问句形式是：……了 + 没有？

The structure for an affirmative-negative question：……了 + 没有？

(10) A：饭做好了没有？

B：饭做好了。/饭还没做好。

(11) A：雨小了没有？

B：雨小了。/雨没小。

## 知识❷ Tip 2

**“遍”**

“请再输入一遍密码。”

一个动作从开始到结束的整个过程为一遍。

“一遍” refers to the whole process of an action from the beginning to the end.

例如：

E. g. ,

（1）请同学们现在看一遍课文。

（2）今天的作业是抄（chāo）写第 6 课的生词，一个写五遍。

（3）我已经说了很多遍了，不想再说了。

## 知识 3 Tip 3

**“遍”和“次”**

“遍”和“次”都表示动量，但是表达的意思不同，带处所宾语的动词后边只能用“次”，不能用“遍”。“遍”强调的是动作自始至终的全过程。“次”用于反复出现或可能出现的事情。

Both “遍” and “次” are used to indicate the number of times that an action has occurred, but they have different meanings. The verb with a location as object can only be followed by “次”, while “遍” emphasizes the whole process from the beginning to the end. “次” is used to modify the things repeated and the things may happen.

例如：

E. g. ,

（1）这部电影我看过两遍了，还想再看一遍。

（2）那首（shǒu）歌太好听了，我今天听了很多遍。

（3）我去过好几次北京了。

（4）这本书我看了三次，还没有看完。

（5）今天你去哪儿了？我给你打了好几次电话，你都没接（jiē）。

## 练习 Exercises

**1. 词语配配乐。找出能相互搭配的词语，先划掉，然后写到横线上。**Phrase pairing. Find words that match each other, cross them out, and write them on the line.

| | | | |
|---|---|---|---|
| ~~给我~~ | 银行 | 输入 | 补办 |
| 卡 | 电话 | 不 | 填写 |
| 密码 | 工作 | 挂失 | 日 |
| 客气 | 新卡 | 申请表 | ~~护照~~ |

给我护照、______________________________

______________________________

**2. 为“了”选择适当的位置。**Put “了” in the proper places.

(1) 我已经 A 做 B 好作业 C。　　(　　)

(2) 我吃 A 早餐 B 再去图书馆看 C 书。　　(　　)

(3) 昨天晚上我跟 A 朋友 B 看 C 一部中文电影。　　(　　)

（4）——周末你去了哪里吃饭？

——我坐 A 地铁去 B 北京路吃饭 C。（　　）

（5）等 A 我吃 B 完饭他已经走 C。（　　）

（6）门外 A 挂 B 一个红灯笼 C。（　　）

（7）昨天我去 A 找 B 你 C，你不在家。（　　）

（8）我说 A 的话你们听 B 懂 C 吗？（　　）

**3. 选词填空**。Choose the right words to fill in the blanks.

以后　　然后

（1）下课（　　　）我回宿舍休息。

（2）我去吃饭，（　　　）去教室上课。

（3）（　　　）我会努力学习。

（4）我先复习生词，（　　　）写练习。

遍　　次

（5）写错的字，请写十（　　　）。

（6）我只见过他两（　　　）。

（7）我去过一（　　　）北京。

（8）那本书我看了三（　　　），也没看完。

（9）这部电影我很喜欢，看了五（　　　）。

**4. 写词组，造句**。Write phrases and make sentences.

例如：写　写字　今天我写了很多字。

（1）填写 __________ ____________________

（2）输入　__________　______________________________

（3）挂失　__________　______________________________

（4）资料　__________　______________________________

（5）赶紧　__________　______________________________

**5. 组句**。Rearrange the words to form a sentence.

（1）护照　你的　请　我　给

______________________________________________________

（2）去银行　新卡　现在　可以　补办　你

______________________________________________________

（3）可以　工作日　15 个　新卡　后　拿到

______________________________________________________

（4）对不对　一下　请　看　写得

______________________________________________________

（5）赶紧　学校　现在　去　你　吧

______________________________________________________

（6）新卡的　再　请　一遍　密码　输入

______________________________________________________

**6. 排序**。Rearrange the sentences in logic.

A. 我再次输入密码。

B. 我想要办一张银行卡。

C. 我把填好的申请表给了银行职员，她还向我要了护照。

D. 我拿到了新办好的银行卡。

E. 银行职员让我输入六位数密码。

F. 最后，银行职员让我确认申请表信息，我确认没有错误后签了名。

G. 银行职员让我先填写开户申请表。

______________________________

**7. 我去银行开户**。Corctext：Open an account in the bank.

你有一万块钱现金，需要去银行开户存钱，请先填写下面的表格。

**个人开户及综合服务申请表**

<table>
<tr><td>中文姓名</td><td colspan="2"></td><td>拼音或<br>英文姓名</td><td colspan="2"></td></tr>
<tr><td>性别</td><td>男 □<br>女 □</td><td>国籍</td><td></td><td>出生日期</td><td>年 月 日</td></tr>
<tr><td>证件类型</td><td colspan="2">身份证 □<br>护照 □</td><td>证件号码</td><td colspan="2"></td></tr>
<tr><td>固定电话</td><td colspan="2"></td><td>手机</td><td colspan="2"></td></tr>
<tr><td>通信地址</td><td colspan="5"></td></tr>
<tr><td>签名</td><td colspan="5"></td></tr>
<tr><td>日期</td><td colspan="5">年 月 日</td></tr>
</table>

**8. 银行小专家。** Bank expert.

这些词语和银行的名字你都知道吗？

| | | | |
|---|---|---|---|
| xìnyòng kǎ<br>信用 卡 | Credit card | jièjì kǎ<br>借记 卡 | Debit card |
| huán qián<br>换 钱 | Change money | qǔ qián<br>取 钱 | Withdraw money |
| huìlǜ<br>汇率 | Exchange rate | shǒuxùfèi<br>手续费 | Service charge |
| zhuǎnzhàng<br>转账 | Transfer accounts | huìkuǎn<br>汇款 | remittance |
| qǔ hào<br>取 号 | Get a number | děng hào<br>等 号 | Wait for one's number |
| 中国银行 BANK OF CHINA<br>Zhōngguó Yínháng<br>中国 银行 | | 中国建设银行 China Construction Bank<br>Zhōngguó Jiànshè Yínháng<br>中国 建设 银行 | |
| 中国农业银行 AGRICULTURAL BANK OF CHINA<br>Zhōngguó Nóngyè Yínháng<br>中国 农业 银行 | | ICBC 中国工商银行<br>Zhōngguó Gōngshāng Yínháng<br>中国 工商 银行 | |

| | |
|---|---|
| Jiāotōng Yínháng<br>交通 银行 | Zhāoshāng Yínháng<br>招商 银行 |
| Huìfēng Yínháng<br>汇丰 银行 | Zhādǎ Yínháng<br>渣打 银行 |

找一找，看看你家或学校附近有哪些银行，用本课学过的内容找
zīxún
一家银行咨询或办理一张新银行卡，录音或拍成视频。

# 第七课　坐地铁

# Take the metro

## 课前热身 Warming up

你坐过地铁吗？说一说怎么坐地铁。Have you ever taken the metro? Tell us how to take the metro.

地铁 Metro　地铁 Metro

## 生词 New words

| | | | | |
|---|---|---|---|---|
| 1 | 逛街 | guàng jiē | | to go shopping |
| | 逛 | guàng | 动 | to stroll, to wander about |
| 2 | 从来 | cónglái | 副 | always |
| 3 | 别人 | biérén | 代 | other people |

| | | | | |
|---|---|---|---|---|
| 4 | 热闹 | rènao | 形 | lively |
| 5 | 线 | xiàn | 名 | line |
| 6 | 转 | zhuǎn | 动 | to transfer, to turn to |
| 7 | 交通卡 | jiāotōng kǎ | | traffic card |
| 8 | 忘记 | wàngjì | 动 | to forget |
| 9 | 票 | piào | 名 | ticket |
| 10 | 售票机 | shòupiào jī | | ticket machine |
| 11 | 出示 | chūshì | 动 | to show |
| 12 | 乘 | chéng | 动 | to ride |
| 13 | 乘车码 | chéng chē mǎ | | QR code for passengers |
| 14 | 进站 | jìn zhàn | | to get into the station |
| 15 | 硬币 | yìngbì | 名 | coin |
| 16 | 纸币 | zhǐbì | 名 | paper currency, paper money |
| 17 | 服务台 | fúwù tái | | information desk |
| 18 | 选 | xuǎn | 动 | to choose, to select, to pick |
| 19 | 目的地 | mùdì dì | | destination |
| 20 | 投币 | tóu bì | | to insert coins |
| | 投 | tóu | 动 | to drop, to put in |
| 21 | 出口 | chūkǒu | 名 | exit |
| 22 | 才 | cái | 副 | to emphasize |
| 23 | 入口 | rùkǒu | 名 | entrance |

## 课文 Text

### 课文1 Text 1

Wáng Lèle: Nǐ qù guo Běijīng Lù ma? Wǒ xiǎng qù nàr guàng jiē, nǐ
王乐乐：你去过北京路吗？我想去那儿逛街，你
yào bu yào yìqǐ qù?
要不要一起去？

Mǐyà: Hǎo a。Wǒ hái cónglái méiyǒu qù guo Běijīng Lù ne, tīng
米亚：好啊。我还从来没有去过北京路呢，听
biérén shuō nàr hěn rènao。Wǒmen zuò jǐ lù chē qù ne?
别人说那儿很热闹。我们坐几路车去呢？

Wáng Lèle: Xiànzài zuò gōngjiāo chē hěn dǔ, háishi zuò dìtiě ba, dìtiě
王乐乐：现在坐公交车很堵，还是坐地铁吧，地铁
yòu kuài yòu fāngbiàn。
又快又方便。

Mǐyà: Nǐ zhīdào zuò jǐ hào xiàn ma?
米亚：你知道坐几号线吗？

Wáng Lèle: Zhīdào, xiān zuò hào xiàn, zài zhuǎn hào xiàn, nǐ gēn
王乐乐：知道，先坐1号线，再转2号线，你跟
wǒzǒu jiù xíng。
我走就行。

### 课文2 Text 2

Wáng Lèle: Nǐ dài jiāotōng kǎ le ma?
王乐乐：你带交通卡了吗？

Mǐyà: Āiya! Yòu wàngjì dài le。Zài nǎr mǎi dìtiě piào ne?
米亚：哎呀！又忘记带了。在哪儿买地铁票呢？

Wáng Lèle: Nà biān yǒu shòupiào jī, yě kěyǐ chūshì shǒujī shàng de
王乐乐：那边有售票机，也可以出示手机上的

chéng chē mǎ jìn zhàn。
乘 车 码 进 站。

Mǐyà：Wǒ xiǎng kànkan dìtiě piào shì shénme yàng de。
米亚：我 想 看看 地铁 票 是 什么 样 的。

Wáng Lèle：Nǐ yǒu yìngbì ma? Shí kuài huòzhě wǔ kuài de zhǐbì yěxíng。
王 乐乐：你 有 硬币 吗？十 块 或者 五 块 的 纸币 也 行。

Mǐyà：Méiyǒu，èr shí de kěyǐ ma?
米亚：没有，二 十 的 可以 吗？

Wáng Lèle：Bùxíng，nǐ xiān qù fúwù tái huàn yìngbì ba。
王 乐乐：不行，你 先 去 服务 台 换 硬币 吧。

(Mǐyà huílái)
(米亚 回来)

Wáng Lèle：Nǐ xiān xuǎn mùdì dì，ránhòu xuǎn yào jǐ zhāng piào，zài
王 乐乐：你 先 选 目的 地，然后 选 要 几 张 票，再

tóu bì jiù kěyǐ le。
投 币 就 可以 了。

Mǐyà：Piào chūlái le，wǒmen jìnqù ba!
米亚：票 出来 了，我们 进去 吧！

Wáng Lèle：Zǒu cuò le! Zhè biān shì chūkǒu，nà biān cái shì rùkǒu!
王 乐乐：走 错 了！这 边 是 出口，那 边 才 是 入口！

## 语言知识 Language guidelines

### 知识1 Tip 1

**“动词＋过”**

“你去过北京路吗？”

动词后边带动态助词“过”表示动作曾在过去发生。该动作一般没有持续，说话时已经停止。强调过去的某种经历。

When a verb is immediately followed by the aspect particle “过”, it indicates that the act took place in the past and is no longer in progress. The emphasis is on the past experience.

肯定式：动词 + 过

The affirmative form：verb + 过

例如：

E. g. ,

(1) 我去过北京。

(2) 我学过中文。

(3) 去年我看过那部电影。

否定式：没（有）+ 动词 + 过

The negative form：没（有）+ verb + 过

例如：

E. g. ,

(4) 我没有看过那本书。

(5) 我没来过这里。

一般疑问形式：动词 + 过 + 宾语 + 吗？

The question form：verb + 过 + object + 吗？

例如：

E. g. ,

(6) 你去过广州吗？

(7) 你听过这首歌吗？

正反疑问形式：动词＋过＋宾语＋没有？

The affirmative-negative question form：verb＋过＋object＋没有？

例如：

E. g. ,

（8）你去过广州没有？

（9）你听过这首歌没有？

◆比较“过”和“了”

Compare：“过” and “了”

句子的意思有差别。

The meanings of the sentences are different.

例如：

E. g. ,

| | |
|---|---|
| 我学过一年英语。(现在不学了) | 他去过广州。(他现在不在广州了) |
| 我学了一年英语了。(可能现在还学) | 他去了广州。(他现在广州或在去广州路上) |

否定式不同：

The negative forms differ：

过：没（有）＋动词＋过

了：没有＋动词（不能有“了”）

例如：

E. g. ,

（10）这本书，我看过，不好看。

这本书，我没有看过，不知道好不好看。

（11）这本书，我看了，不好看。

这本书，我没有看，不知道好不好看。

## 知识 2 Tip 2

**“再”和“又”**

“又忘记带了。”

“又”“再”都可以放在动词的前面作状语，表示动作或者情况的重复。但是“又”一般用来表示已经重复的动作或者情况，“再”表示将要重复或持续的动作或情况。

The adverbs “再” and “又” are both used before verbs as adverbials indicating the repetition of an action or a situation. They differ in that “又” normally indicates an action or situation that has already been repeated, while “再” indicates an action or a situation yet to be repeated.

例如：

E. g. ,

（1）这个字，老师昨天说了，今天又说了。（再 ×）

（2）他昨天买了两个包子，今天又买了两个。（再 ×）

（3）老师今天不在，明天再来吧。（又 ×）

（4）我还想再喝一杯咖啡。（又 ×）

（5）你等一下，我再想想。（又 ×）

注意：因为“又”表示已经实现的重复，所以没有否定形式；“再”的否定形式是在其前面加“不/没”。

Note：There is no negative form of“又”because it indicates a realized repetition；the negative form of“再”is preceded by“不/没”.

例如：

E. g. ，

（6）他今天没又来上学。（×）

（7）他走了以后没再来。（√）

**知识3 Tip 3**

**“从来”**

“我还从来没有去过北京路呢。”

表示从过去到现在都是如此，多用于否定句。用否定词“没、没有”时，单音节动词、形容词后通常要带“过”。

“从来”denotes that the situation or action has been the same from the past to the present，and is often used in negative form. When“没”or“没有”is used in a negative sentence，the word“过”is often added after the monosyllabic verb and adjective.

例如：

E. g. ，

(1) 他从来没来过中国。

(2) 我晚上从来不喝咖啡。

(3) 她从来没说过喜欢我。

◆比较“从来没”和“从来不”

“从来没”表示以前没有做过，“从来不”表示过去、现在和将来都不打算做。

“从来没” means at no fime in the past, “从来不” means not on any occasion at all from the past to the future.

例如：

E. g. ,

(4) 我从来不喝酒。

(5) 我从来没喝过酒，今天想尝尝。

**知识4 Tip 4**

**副词“还是”**

“现在坐公交车很堵，还是坐地铁吧。”

副词“还是”用于经过比较、考虑后引出所选择的一项。常用在动词或主语前。有时候句子里没有表示比较的对象，但是心理上有比较的对象。

The adverb “还是” is used to introduce the selected ifem after comparison and consideration. It is often used before a verb or the subject. Sometimes the object of comparison does not appear in the sentence but there is such an object in the mind of the speaker.

例如：

E. g. ,

（1）现在很堵，咱们还是走路去吧。

（2）可乐不好喝，我还是喜欢喝茶。

（3）咱们常常吃西餐，今天还是吃中餐吧。

## 知识5 Tip 5

**“先……，然后……，再……”**

“你先选目的地，然后选要几张票，再投币就可以了。”

“先……，然后……”表示连续两个动作的先后顺序。两个以上的动作一般也用“先……，然后……，再……，最后……”，其中“然后”可以用在“再”之前，也可用在“再”之后。

“先……，然后……” implies the sequence of two consecutive actions. In case of more than two actions, the structure “先……，然后……，再……，最后……” is commonly used. “然后” can be used before “再” or after “再”.

例如：

E. g. ,

（1）我们先去吃饭，然后去看电影。

（2）我先要了一杯咖啡，然后又点了一份蛋糕。

（3）他先去上海，再去北京，然后去西安，最后回到广州。

（4）咱们先学习生词，然后读课文，再学习语言知识，最后做练习。

## 练习 Exercises

**1. 词语配配乐。找出能相互搭配的词语，先划掉，然后写到横线上。** Phrase pairing. Find words that match each other, cross them out, and write them on the line.

| | | | |
|---|---|---|---|
| 逛 | 坐 | 投 | 出示 |
| 很 | 币 | 目的 | 售票 |
| 服务 | 地铁 | 街 | 热闹 |
| 机 | 地 | 台 | 乘车码 |

逛街、________________________________________

____________________________________________

**2. 用“还是”写句子。** Make sentences with **“还是”**.

例如：坐飞机 VS 坐火车

坐火车太累了，还是坐飞机吧。

(1) 米饭 VS 面条

____________________________________________

（2）香港 VS 上海

______________________________

（3）唱歌 VS 打篮球

______________________________

（4）公共汽车 VS 地铁

______________________________

**3. 组句。**Rearrange the words to form a sentence.

（1）从来 我 喝酒 不

______________________________

（2）他 没 北京路 从来 去 过

______________________________

（3）去 图书馆 然后 商店 先 我 去

______________________________

（4）今天 吧 还是 我们 喝咖啡

______________________________

（5）他 了 交通卡 带 忘记

______________________________

（6）硬币 你 换 去 先 买票 然后 再

______________________________

**4. 用“过”回答问题。**Answer the questions with “**过**”.

（1）你去过哪些国家？

______________________________

（2）你吃过哪些中国菜？

______________________________________________

（3）你听过哪些中文歌？

______________________________________________

（4）你去过中国哪些城市？

______________________________________________

（5）你看过哪些中文电影？

______________________________________________

**5. 改错句**。Correct the sentences.

（1）我每天听过一次中文歌。

______________________________________________

（2）我没有去医院过。

______________________________________________

（3）我们见面过一次。

______________________________________________

（4）这个汉字我常常看到过在书上。

______________________________________________

（5）我去过看老师。

______________________________________________

**6. 选词填空**。Choose the right words to fill in the blanks.

| | |
|---|---|
| 过 | 了 |

（1）这个人，我没有见（　　　　）。

（2）明天我下（　　　　）班就去找她。

（3）我去（　　　　）上海，没有去（　　　　）广州。

（4）哎呀，我的手机不见（　　　　）。

（5）我认识她，她给我们唱（　　　　）歌。

| 又　　　再 |
| --- |

（6）他今天（　　　　）来了。

（7）明年我要（　　　　）来中国。

（8）今天我（　　　　）吃了面条，明天不想（　　　　）吃了。

（9）我觉得这件衣服很好看，想明天（　　　　）给姐姐买一件。

（10）他昨天没来，今天（　　　　）没来。

（11）我以前很喜欢他，现在不（　　　　）喜欢了。

**7. 用"先……，再……，然后……"回答下列问题**。Answer the questions with "**先……，再……，然后……**".

（1）你今天怎么回家？

先____________，再____________，然后____________。

（2）运动会怎么报名？

先____________，再____________，然后____________。

（3）怎么骑自行车？

先____________，再____________，然后____________。

（4）怎么用手机订比萨？

先____________，再____________，然后____________。

（5）怎么去银行办新卡？

先____________，再____________，然后____________。

**8. 看图，用词造句**。Make sentences with the given words according to the pictures.

| | | | |
|---|---|---|---|
| (1) |  | 地铁 | |
| (2) |  | 逛街 | |
| (3) |  | 服务台 | |
| (4) |  | 入口 | |

**9. 小组活动**。Group activity.

三个同学一组，任意选择一条地铁线路乘坐，并拍视频。Form a team of three，randomly choose a subway line to ride，and shoot a video.

# 第八课　她的中文比我好

# She's better at Chinese than me

## 课前热身 Warming up

你的中文怎么样？你参加过中文节目表演吗？How is your Chinese? Have you ever participated in a Chinese performance?

## 生词 New words

| | | | | |
|---|---|---|---|---|
| 1 | 比 | bǐ | 介 | than |
| 2 | 愿意 | yuànyì | 动 | will，would like to |
| 3 | 节目 | jiémù | 名 | program |
| 4 | 表演 | biǎoyǎn | 动 | to perform |

| | | | | |
|---|---|---|---|---|
| 5 | 决定 | juédìng | 动 | to decide, to make up one's mind |
| 6 | 可是 | kěshì | 连 | but, yet, however |
| 7 | 担心 | dānxīn | 动 | to worry |
| 8 | 认真 | rènzhēn | 形 | conscientious, earnest, serious |
| 9 | 经常 | jīngcháng | 副 | often, frequently |
| 10 | 复习 | fùxí | 动 | to review |
| 11 | 哪里 | nǎlǐ | 代 | nothing of the kind; nonsense |
| 12 | 听写 | tīngxiě | 动 | to dictate |
| 13 | 分数 | fēnshù | 名 | mark, score |
| 14 | 进步 | jìnbù | 动 | to make progress |
| 15 | 表扬 | biǎoyáng | 动 | to praise |
| 16 | 教 | jiāo | 动 | to teach |
| 17 | 保龄球* | bǎolíngqiú | 名 | bowling |
| 18 | 有意思 | yǒu yìsi | | interesting, enjoyable |
| 19 | 流利 | liúlì | 形 | fluent |
| 20 | 棒 | bàng | 形 | strong; excellent, good |
| 21 | 见面 | jiànmiàn | 动 | to meet, to see |
| 22 | 车站 | chēzhàn | 名 | station |
| 23 | 不见不散 | bújiàn bú sàn | | Be there or be square! |

## 课文 Text

### 课文1 Text 1

Ānnà: Nǐ yuànyì cānjiā zánmen bān de Zhōngwén jiémù biǎoyǎn ma?
**安娜**: 你 愿意 参加 咱们 班 的 中文 节目 表演 吗?

Mǐnà: Hái méi juédìng, nǐ ne?
**米娜**: 还 没 决定, 你 呢?

Ānnà: Wǒ xiǎng cānjiā, wǒmen yìqǐ ba。
**安娜**: 我 想 参加, 我们 一起 吧。

Mǐnà: Kěshì wǒ dānxīn wǒ de kǒuyǔ bú tài hǎo。
**米娜**: 可是 我 担心 我 的 口语 不 太 好。

Ānnà: Nǐ de Zhōngwén bǐ wǒ hǎo, shàng kè yě bǐ wǒ rènzhēn, hái jīngcháng fùxí。
**安娜**: 你 的 中文 比 我 好, 上 课 也 比 我 认真, 还 经常 复习。

Mǐnà: Nǎlǐ nǎlǐ。 Shàng cì tīngxiě nǐ de fēnshù bǐ wǒ gāo, lǎoshī shuō nǐ jìnbù hěn dà, hái cháng biǎoyáng nǐ。
**米娜**: 哪里 哪里。 上 次 听写 你 的 分数 比 我 高, 老师 说 你 进步 很 大, 还 常 表扬 你。

Ānnà: Nà wǒmen yìqǐ qù bàomíng ba。
**安娜**: 那 我们 一起 去 报名 吧。

Mǐnà: Hǎo ba, wǒmen yìqǐ jiāyóu。
**米娜**: 好 吧, 我们 一起 加油。

### 课文2 Text 2

Ālǐ: Xiàwǔ wǒ jiějie jiāo wǒ dǎ bǎolíngqiú, nǐ yào gēn wǒmen yìqǐ qù ma?
**阿里**: 下午 我 姐姐 教 我 打 保龄球, 你 要 跟 我们 一起 去 吗?

Mǐyà：Tīng qi lai hěn hǎowánr, wǒ xiǎng qù, dànshì wǒ bú huì。
**米亚：**听 起 来 很 好玩儿，我 想 去，但是 我 不 会。

Ālǐ：Bǎolíngqiú hěn yǒu yìsi。Wǒ jiějie kěyǐ jiāo nǐ, tā dǎ de bǐ wǒ hǎo duō le。
**阿里：**保龄球 很 有 意思。我 姐姐 可以 教 你，她 打 得 比 我 好 多 了。

Mǐyà：Tài hǎo le! Nǐ jiějie huì shuō Zhōngwén ma?
**米亚：**太 好 了！你 姐姐 会 说 中文 吗？

Ālǐ：Dāngrán huì, tā de Zhōngwén shuō de bǐ wǒ liúlì duō le。
**阿里：**当然 会，她 的 中文 说 得 比 我 流利 多 了。

Mǐyà：Zhēn bàng! Nà wǒ gēn nǐmen yìqǐ qù。Xiàwǔ zài nǎr jiànmiàn?
**米亚：**真 棒！那 我 跟 你们 一起 去。下午 在 哪儿 见面？

Ālǐ：Xiàwǔ liǎng diǎn zài chēzhàn ba。
**阿里：**下午 两 点 在 车站 吧。

Mǐyà：Hǎo de, bújiàn bú sàn。
**米亚：**好 的，不见 不 散。

## 语言知识 Language guidelines

### 知识1 Tip 1

**“比”字句₁** 教学视频

“你的中文比我好。”

“她的中文说得比我流利多了。”

1. 介词“比”用于比较两个事物或者同一事物在不同时间、不同情况下的性质、特点等。“比”字句的句式为“A + 比 + B + 形容词”。

The preposition “比” is used to compare the characteristics of two objects or one object at different times and conditions. The sentence order is “A + 比 + B + adjective (difference)”.

例如：

E. g. ,

（1）今天比昨天热。

（2）我的中文比以前好。

（3）一样的手机，这家店比那家店便宜。

2. 如果要表示两个事物或者同一事物在不同时间、不同情况下的具体差别，就要用"A+比+B+形容词+具体差别/其他"格式。

| | |
|---|---|
| | ①数量词 |
| A+比+B+形容词+ | ②一点儿/一些 |
| | ③得多/多了 |

If referring to the specific difference between two things or the change of one thing in different times and situations, the structure "A + 比 + B + adjective + specific difference/other" should be used.

例如：

E. g. ,

（4）今天比昨天热一点儿。

（5）我的中文比以前好多了。

（6）一样的手机，这家店比那家店便宜500块。

3. 如果A在某方面的程度很高，B在该方面的程度更高，需要在形容词前加上表示程度的副词"更""还"，而不能用副词"很""太""非常"等。

If A is of very high degree in a certain way, and B is more advanced in that respect, we need to add the adverb "更" and "还" before the adjective, but cannot use "很", "太", "非常", etc. as modifiers.

例如：

E. g. ,

(7) 昨天很热，今天比昨天更热。

(8) 我的中文很好，他的中文比我还好。

4. 在动词谓语句中，也可以用"比"表示比较，但需要在动词后加程度补语，句式为"A + 动词 + 得 + 比 + B + 形容词"。

In a verbal-predicate sentence, we can also use "比" to express comparison. The sentence order is "A + verb + 得 + 比 + B + adjective".

例如：

E. g. ,

(9) 他说得比我好。

(10) 他汉字写得比我快。

(11) A 手机卖得比 B 手机还贵。

## 知识 2 Tip 2

**"哪里哪里"**

安娜："你的中文比我好，上课也比我认真。"

米娜："哪里哪里。"

"哪里哪里"，中文中的谦辞，用来婉转地推辞对自己的褒奖。

In Chinese, as a humble word, "哪里哪里" is generally used to politely decline to the praise of oneself.

例如：

E. g. ,

（1）A：你的衣服真漂亮。

　　B：哪里哪里。

（2）A：你的中文比我好。

　　B：哪里哪里，我觉得我的中文还不太好。

## 练习 Exercises

**1. 词语配配乐。找出能相互搭配的词语，先划掉，然后写到横线上。** Phrase pairing. Find words that match each other, cross them out, and write them on the line.

| | | | |
|---|---|---|---|
| ~~参加~~ | 认真 | 见面 | 打 |
| 真 | 不散 | 有意思 | 复习 |
| 说得 | 哪里 | 进步 | 不见 |
| 很大 | 保龄球 | ~~表演~~ | 流利 |

参加表演、________________________________________

________________________________________

**2. 选词填空**。Choose the right words to fill in the blanks.

| | | | | |
|---|---|---|---|---|
| 愿意 | 表演 | 决定 | 担心 | 认真 |
| 进步 | 表扬 | 流利 | 见面 | 有意思 |

（1）我已经到家了，不用__________。

（2）他学习非常__________，写错的汉字会再写一遍。

（3）你__________周末去哪里玩了吗？

（4）我已经学了一个多月了，觉得自己的__________很大。

（5）这次听写他得了 100 分，老师__________了他。

（6）听说这部电影非常__________，我想去看看。

（7）他常常跟中国人聊天，现在中文说得很__________。

（8）你__________参加运动会吗？

（9）下午我跟朋友在咖啡店__________。

（10）这次中文比赛，你们打算__________什么？

**3. 看图片，完成句子。** Complete the sentences according to the pictures.

| | | | |
|---|---|---|---|
| 哥哥 | 27 岁 | 1.70 米 | 110 公斤 |
| 弟弟 | 24 岁 | 1.90 米 | 70 公斤 |

(1) ______比______________。(大)

(2) ______比______________。(高)

(3) ______比______________。(重)

(4) ______比______________。(3 岁)

(5) ______比______________。(0.2 米)

(6) ______比______________。(40 公斤)

| 水 | 茶 | 牛奶 | 咖啡 | 果汁 |
|---|---|---|---|---|
| ¥2.00 | ¥5.00 | ¥12.00 | ¥23.00 | ¥28.00 |

（7）____________比__________________________________。（贵）

（8）____________比________________________________。（便宜）

（9）____________卖得比______________________________。（贵）

（10）____________卖得比___________________________。（便宜）

（11）____________比______________________________。（贵多了）

（12）____________比______________________________。（贵一些）

（13）____________比__________________________。（便宜一点儿）

（14）____________比____________________________。（便宜得多）

（15）____________比______________________________。（还便宜）

**4. 用“A 比 B 更 + 形容词”写句子**。Make sentences with “A **比** B **更** + adjective”.

（1）今天 30℃　　明天 32℃

________________________________________________________

（2）昨天 0℃　　今天 －3℃

________________________________________________________

（3）火车票 ¥480.00　　飞机票 ¥1080.00

________________________________________________________

（4）地铁票 ¥4.00　　公交车票 ¥2.00

________________________________________________________

（5）米亚游 1000 米需要 35 分钟　　米娜游 1000 米需要 25 分钟

________________________________________________________

（6）阿里吃 10 个饺子　　艾文吃 20 个饺子

________________________________________________________

**5. 组句**。Rearrange the words to form a sentence.

(1) 中文　参加　咱们班的　你　节目　吗　表演

______________________________

(2) 口语　我　好　我　担心　不　的　太

______________________________

(3) 很　认真　他　上课　也　复习　经常

______________________________

(4) 我　打　保龄球　教　姐姐　下午

______________________________

(5) 起来　很　虽然　看　好玩儿　不会　我　但是

______________________________

(6) 她的中文　得　比　我　说　得多　好

______________________________

(7) 吧　下午　见面　宿舍楼　在　两点　前面　咱们

______________________________

**6. 根据课文，完成对话**。Complete the dialogues according to the texts.

(一)

A：你参加______________________吗？

B：______________________，你呢？

A：我__________________，我们一起参加吧。

B：我想____________________，可是____________________。

A：______________比________________，________________。

B：哪里哪里。

A：＿＿＿＿＿＿＿＿＿＿＿＿，好不好？

B：好吧。

（二）

A：下午我＿＿＿＿＿＿＿＿＿＿，你要＿＿＿＿＿＿＿＿＿＿吗？

B：虽然＿＿＿＿＿＿＿＿＿＿＿，但是我＿＿＿＿＿＿＿＿＿＿。

A：没关系，＿＿＿＿＿＿＿，＿＿＿＿＿＿＿比＿＿＿＿＿＿＿＿。

B：太好了！＿＿＿＿＿＿＿＿＿＿＿吗？

A：＿＿＿＿＿＿＿＿＿＿＿比＿＿＿＿＿＿＿＿＿＿＿。

B：真棒。＿＿＿＿＿＿＿＿＿＿＿？

A：＿＿＿＿＿＿＿＿＿＿＿吧。

B：好的，不见不散。

**7. 城市大** PK。City comparison.

说一说你去过的城市，查一查，比一比这些城市的人口、面积（miànjī）、天气等方面的情况，并用"比"字句和你的同学讨论。

| | | | |
|---|---|---|---|
| 城市 | | | |
| 人口 | | | |
| 面积 | | | |
| 天气 | | | |
| | | | |

**8. 生活成本调查**。Cost of living survey.

三位不同国家（或城市）的同学为一个小组，选取跟生活密切相关的 5～10 种事物价格进行对比，看看哪个城市成本最高、哪个最低。（比较的事物要尽量选取各城市都有的，可参考下面表格。货币单位以当天汇率统一换算为人民币。）

| xiàngmù<br>比较 项目 | dānwèi<br>单位 | 城市 1 | 城市 2 | 城市 3 |
| --- | --- | --- | --- | --- |
| qìyóu<br>汽油 | 升（L） | | | |
| diàn fèi<br>电 费 | 千瓦·时<br>（kWh） | | | |
| tíng<br>停车费 | 小时（h） | | | |
| 牛肉 | 千克（kg） | | | |
| 手机 | 部 | | | |
| | | | | |

# 第九课　我感冒了

# I have a cold

## 课前热身 Warming up

第一张图片中的人怎么了？第二张图片中的人在干什么？What's up with the man in the first picture? What are they doing in the second picture?

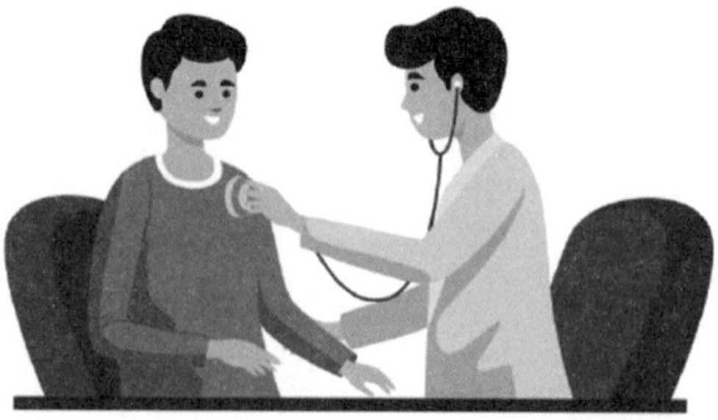

## 生词 New words

| | | | | |
|---|---|---|---|---|
| 1 | 感冒 | gǎnmào | 动 | to have a cold |
| 2 | 起床 | qǐchuáng | 动 | to get up |
| 3 | 帮 | bāng | 动 | to help |

| | | | | |
|---|---|---|---|---|
| 4 | 请假 | qǐngjià | 动 | to ask for leave |
| 5 | 头 | tóu | 名 | head |
| 6 | 疼 | téng | 形 | painful, achiny |
| 7 | 嗓子 | sǎngzi | 名 | throat |
| 8 | 摸 | mō | 动 | to touch |
| 9 | 发烧 | fāshāo | 动 | to have a fever |
| 10 | 没事儿 | méishìr | | nothing |
| 11 | 睡觉 | shuìjiào | 动 | to sleep |
| 12 | 陪 | péi | 动 | to accompany |
| 13 | 咳嗽* | késou | 动 | to cough |
| 14 | 上午 | shàngwǔ | 名 | late morning |
| 15 | 难受 | nánshòu | 形 | uncomfortable |
| 16 | 发炎 | fāyán | 动 | to inflame |
| 17 | 早上 | zǎoshang | 名 | early morning |
| 18 | 越来越…… | yuè lái yuè… | | more and more… |
| 19 | 严重 | yánzhòng | 形 | severe |
| 20 | 打针 | dǎzhēn | 动 | to have an injection |
| 21 | 开药 | kāi yào | | to prescribe |
| 22 | 注意 | zhùyì | 动 | to pay attention to |
| 23 | 按时 | ànshí | 副 | on time |
| 24 | 休息 | xiūxi | 动 | to have a rest |
| 25 | 中药 | zhōngyào | 名 | Chinese medicine |
| 26 | 西药 | xīyào | 名 | Western medicine |
| 27 | 片 | piàn | 量 | a measure word for something thin and flat |

## 课文 Text

### 课文1 Text 1

Ānnà: diǎn duō le, nǐ zěnme hái bù qǐchuáng?
安娜：8 点 多 了，你 怎么 还 不 起床？

Mǐyà: Wǒ jīntiān bú qù shàng kè le, nǐ kěyǐ bāng wǒ qǐngjià ma?
米亚：我 今天 不 去 上 课 了，你 可以 帮 我 请假 吗？

Ānnà: Nǐ zěnme le? Shēntǐ bù shūfu ma?
安娜：你 怎么 了？身体 不 舒服 吗？

Mǐyà: Ǹg, tóuténg, sǎngzi yě yǒudiǎnr téng。
米亚：嗯，头疼，嗓子 也 有点儿 疼。

Ānnà: Shì bu shì gǎnmào le? (mō tā de tóu) Hái hǎo, méi fāshāo。
安娜：是 不 是 感冒 了？(摸 她 的 头) 还 好，没 发烧。

Mǐyà: Méishìr, wǒ shuì yí jiào jiù hǎo le。
米亚：没事儿，我 睡 一 觉 就 好 了。

Ānnà: Hǎo ba, wǒ xiān qù shàng kè。Rúguǒ xià kè hòu nǐ háishi bù shūfu, xiàwǔ wǒ péi nǐ qù yīyuàn。
安娜：好 吧，我 先 去 上 课。如果 下 课 后 你 还是 不 舒服，下午 我 陪 你 去 医院。

### 课文2 Text 2

yīshēng: Zěnme le? Nǎr bù shūfu?
医生：怎么 了？哪儿 不 舒服？

Mǐyà: Wǒ tóuténg、késou, shuì le yí shàngwǔ jiào, háishi juéde nánshòu。
米亚：我 头疼、咳嗽，睡 了 一 上午 觉，还是 觉得 难受。

yīshēng: Wǒ kàn kàn, dù fā shāo le, sǎngzi yě yǒu diǎnr fāyán。
医生：我 看 看，38 度 5，发 烧 了，嗓子 也 有 点儿 发炎。

Mǐyà：Zǎoshàng de shíhou zhǐshì yǒu diǎnr tóu téng，xiànzài yuè lái
**米亚**：早上　的 时候 只是 有 点儿 头 疼，现在 越 来

yuè yánzhòng le。Yào dǎzhēn ma？
越　严重　了。要　打针　吗？

yīshēng：Bú yòng。Wǒ gěi nǐ kāi diǎnr yào，zhùyì ànshí chī yào，duō
**医生**：不 用。我 给 你 开 点儿 药，注意 按时 吃 药，多

xiūxi，duō hē shuǐ。
休息，多 喝 水。

Mǐyà：Shì zhōngyào háishi xīyào？
**米亚**：是　中药　还是 西药？

yīshēng：Xīyào。Měitiān chī sān cì，měi cì chī liǎng piàn。
**医生**：西药。每天 吃 三 次，每 次 吃 两　片。

## 语言知识 Language guidelines

### 知识1 Tip 1

**“越来越……”**

“现在越来越严重了”

“越来越……”用在形容词或表示心理活动的动词前边，表示程度随时间的发展而发展。

“越来越” is used before adjectives or psychological verbs to indicate that something changes in degree over time.

例如：

E. g. ,

（1）这里的交通越来越方便。

（2）我们学校越来越漂亮。

（3）孩子越来越大，爸爸妈妈越来越老。

（4）米亚越来越喜欢学中文了。

## 知识2 Tip 2

### 离合词

“睡了一上午觉”

中文中有一些动宾结构的词语，它们有词的特点，也有某种分离的形式，例如：睡觉、考试、唱歌、见面、开药、游泳、结婚等。使用这类动词时要注意：

Separable verbs, as verb-object phrases, can be divided into two parts, with other words in between, such as “睡觉、考试、唱歌、见面、开药、游泳、结婚”, etc. It is noteworthy that:

1. 绝大多数不能带宾语。The majority of them can not be followed by an object.

例如：

E. g. ,

（1）艾文去学校见面朋友。（×）

（2）艾文去学校跟朋友见面。（√）

2. 时量补语和动量补语只能放在动宾结构之间。The time-measure complement and action-measure complement can only be placed in the verb-object structure.

例如：

E. g. ,

（3）我睡了一觉。（√）/我睡了七个小时觉。（√）

（4）我睡觉了一个。（×）/我睡觉了七个小时。（×）

3. 一些离合动词的重叠形式是 AAB 式，如：游游泳、见见面、唱唱歌、跳跳舞。

The reduplicated form of some separable verbs is “AAB”，such as “游游泳、见见面、唱唱歌、跳跳舞”.

例如：

E. g. ,

（5）周末，安娜喜欢唱唱歌、跳跳舞。

（6）我们下午去游游泳，放松一下吧。

## 知识3 Tip 3

**“动词＋了”＋时量补语**

“睡了一上午觉，还是头疼、咳嗽。”

1. “动词＋了”＋时量补语，表示动作或状态持续的时间。

“Verb + 了 + time-measure complement” suggests the duration of an action or state.

例如：

E. g. ,

（1）我们在图书馆学习了三个小时。

（2）他在这儿工作了两年。

2. 动词带宾语或者动词是离合词时，要重复动词，时量补语放在重复的动词后面。

When a verb is followed by an object or it is a separable verb, the verb should be repeated, and the time-measure complement should be placed behind the repetitive verb.

例如：

E. g. ,

（3）米娜学中文学了一年。

（4）她唱歌唱了半个小时。

（5）我朋友睡觉睡了一个下午。

## 练习 Exercises

**1. 写词组，造句**。Write phrases and make sentences.

例如：吃　吃饭　我吃了一碗饭。

（1）帮 ______________ ______________________________

（2）疼 ______________ ______________________________

（3）请假 ____________ ______________________________

（4）严重 ____________ ______________________________

（5）按时 ____________ ______________________________

**2. 选词填空**。Choose the right words to fill in the blanks.

| | | | | |
|---|---|---|---|---|
| 起床 | 帮 | 陪 | 严重 | 越来越 |
| 按时 | 休息 | 片 | 注意 | 难受 |

（1）朋友要我（　　　　）她去逛街。

（2）别睡了，已经八点了，你该（　　　　）了。

（3）这次考试考得不好，安娜心里特别（　　　　）。

（4）这家商店的东西（　　　　）贵。

（5）我常常跟父母说："多（　　　　）身体。"

（6）我们得（　　　　）上课，不要迟到。

（7）爷爷病得很（　　　　），我们非常担心他。

（8）周末的时候，我只想在宿舍（　　　　）。

（9）班长每天（　　　　）老师拿作业本去办公室。

（10）这个药，每天吃两次，每次吃一（　　　　）。

**3. 在括号里填写恰当的词语。** Fill in the blanks with proper words.

（1）米亚有点不舒服，想睡（　　　　　　）觉。

（2）昨天我们一起唱（　　　　　　）歌。

（3）医生给米亚开（　　　　　　）药。

（4）我刚洗（　　　　　　）澡。

（5）安娜父母来中国了，安娜打算请（　　　　　　）假陪他们。

（6）我看书（　　　　　　）。

（7）他打球（　　　　　　）。

（8）我学中文（　　　　　　）。

**4. 用"越来越……"完成句子。** Complete the sentences with "**越来越……**".

（1）来中国以后，他______________________________。

（2）吃了药以后，他______________________________。

（3）＿＿＿＿＿＿＿＿＿＿＿＿＿＿＿＿来到中国学习中文。

（4）雨＿＿＿＿＿＿＿＿＿＿＿＿＿＿，我们不能出去玩了。

**5. 组句**。Rearrange the words to form a sentence.

（1）吃　中午　碗　我　了　饭　两

＿＿＿＿＿＿＿＿＿＿＿＿＿＿＿＿＿＿＿＿＿＿＿＿＿＿

（2）泳　小时　她　游　一个　刚刚　了

＿＿＿＿＿＿＿＿＿＿＿＿＿＿＿＿＿＿＿＿＿＿＿＿＿＿

（3）小时　我　步　都　半个　每天　跑

＿＿＿＿＿＿＿＿＿＿＿＿＿＿＿＿＿＿＿＿＿＿＿＿＿＿

（4）班　三十　月　我　了　天　这个　上

＿＿＿＿＿＿＿＿＿＿＿＿＿＿＿＿＿＿＿＿＿＿＿＿＿＿

（5）两次　吃　我们　每个　饭　星期　一起

＿＿＿＿＿＿＿＿＿＿＿＿＿＿＿＿＿＿＿＿＿＿＿＿＿＿

**6. 看图，用词造句**。Make sentences with the given words according to the pictures.

| | | | |
|---|---|---|---|
| （1） |  | 感冒 | |

| | | | |
|---|---|---|---|
| (2) |  | 看病 | |
| (3) |  | 打针 | |
| (4) |  | 陪 | |
| (5) |  | 越来越 | |

| | | | |
|---|---|---|---|
| (6) |  | 休息 | |

**7. 改错句。** Correct the sentences.

(1) 今天我看了电视一个小时多。

______________________________

(2) 我已经没上班五天了。

______________________________

(3) 他学习法语两个年了。

______________________________

(4) 我没迟到了。

______________________________

(5) 她睡觉了十个小时。

______________________________

(6) 他越来越很聪明。

______________________________

**8. 完成对话。** Complete the dialogues.

(一)

安娜：米亚，你________了？身体不________吗？

米亚：嗯，头有点儿________。

安娜：今天的课，要不要我帮你跟老师________？

米亚：好的，我先在宿舍________一下，如果不舒服，我就去医院。

安娜：好吧，下课以后我可以________你去医院。

（二）

医生：怎么了？________不舒服？

米亚：医生，我________。

医生：我看看，牙龈（yáyín）有点儿________。

米亚：________吗？

医生：不严重，我给你________药。每天吃三________，每次吃一________，注意________吃药，________喝水，________吃辣的东西。

米亚：好的，谢谢医生。

**9. 角色扮演：根据图片写对话，并表演出来。**Role play: Write a dialogue based on the pictures and act it out.

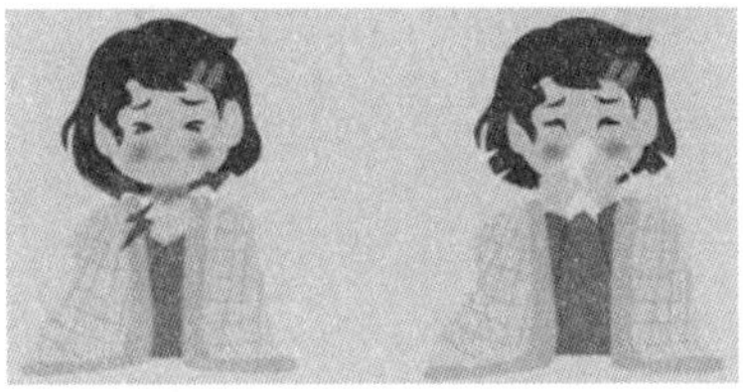

# 第十课　明天是班长的生日

# Tomorrow is our class monitor's birthday

## 课前热身 Warming up

你的生日是几月几号？生日的时候你收到了什么礼物？What's the date of your birthday? What kind of gifts did you get on your birthday?

## 生词 New words

| | | | | |
|---|---|---|---|---|
| 1 | 班长 | bānzhǎng | 名 | class monitor |
| 2 | 生日 | shēngrì | 名 | birthday |
| 3 | 庆祝 | qìngzhù | 动 | to celebrate |
| 4 | 准备 | zhǔnbèi | 动 | to prepare |
| 5 | 惊喜 | jīngxǐ | 名 | surprise |

| | | | | |
|---|---|---|---|---|
| 6 | 主意 | zhǔyi | 名 | idea |
| 7 | 贺卡 | hèkǎ | 名 | congratulation card |
| 8 | 句 | jù | 量 | a measure word of sentences |
| 9 | 祝福 | zhùfú | 动/名 | to bless; blessing |
| 10 | 话 | huà | 名 | words |
| 11 | 快乐 | kuàilè | 形 | happy |
| 12 | 一定 | yídìng | 副/形 | for sure; cerfain |
| 13 | 开心 | kāixīn | 形 | happy |
| 14 | 卡片 | kǎpiàn | 名 | card |
| 15 | 顺便 | shùnbiàn | 副 | without extra efforts, by the way |
| 16 | 礼物 | lǐwù | 名 | gift |
| 17 | 包 | bāo | 名 | bag |
| 18 | 名牌 | míngpái | 名 | famous brand |
| 19 | 花 | huā | 名 | flower |
| 20 | 巧克力 | qiǎokèlì | 名 | chocolate |
| 21 | 这些 | zhèxiē | 代 | these |
| 22 | 建议 | jiànyì | 名/动 | suggestion; to suggest |
| 23 | 香水 | xiāngshuǐ | 名 | perfume |
| 24 | 口红 | kǒuhóng | 名 | lipstick |

# 课文 Text

## 课文1 Text 1

Mǐyà: Míngtiān shì liù yuè bā hào, bānzhǎng de shēngrì, wǒmen zěnme qìngzhù ne?
米亚：明天是六月八号，班长的生日，我们怎么庆祝呢？

Àiwén: Wǒmen zhǔnbèi hǎo shēngrì dàngāo, xià kè de shíhou, gěi tā yí gè jīngxǐ, nǐmen juéde zěnmeyàng?
艾文：我们准备好生日蛋糕，下课的时候，给她一个惊喜，你们觉得怎么样？

Ālǐ: Zhè gè zhǔyi búcuò, wǒmen kěyǐ zài zhǔnbèi yì zhāng shēngrì hèkǎ, měi gè rén xiě jǐ jù zhùfú de huà, zhù tā shēngrì kuàilè。
阿里：这个主意不错，我们可以再准备一张生日贺卡，每个人写几句祝福的话，祝她生日快乐。

Àiwén: Kěyǐ, tā yídìng huì hěn kāixīn!
艾文：可以，她一定会很开心！

Mǐyà: Hǎo! Xiàwǔ wǒ qù dìng dàngāo, mǎi kǎpiàn。Shéi yǒu shíjiān péi wǒ yìqǐ qù?
米亚：好！下午我去订蛋糕、买卡片。谁有时间陪我一起去？

Ālǐ: Wǒ péi nǐ qù ba, shùnbiàn qù mǎi gè lǐwù, yīnwèi wǒ nǚ péngyǒu xià gè xīngqī yě guò shēngrì。
阿里：我陪你去吧，顺便去买个礼物，因为我女朋友下个星期也过生日。

## 课文 2 Text 2

Ālǐ：Wǒ nǚ péngyǒu guò shēngrì, nǐ shuō wǒ sòng shénme lǐwù bǐjiào hǎo?
阿里：我女朋友过生日，你说我送什么礼物比较好？

Mǐyà：Wǒ yě bù zhīdào, tā xǐhuan shénme?
米亚：我也不知道，她喜欢什么？

Ālǐ：Tā xǐhuan bāo。
阿里：她喜欢包。

Mǐyà：Nà nǐ sòng gè míngpái bāo ba。
米亚：那你送个名牌包吧。

Ālǐ：Míngpái bāo tài guì le, wǒ méi qián mǎi!
阿里：名牌包太贵了，我没钱买！

Mǐyà：Nà nǐ sòng huā hé qiǎokèlì ba。
米亚：那你送花和巧克力吧。

Ālǐ：Zhèxiē wǒ dōu sòng guò le。Yǒu méi yǒu bié de jiànyì?
阿里：这些我都送过了。有没有别的建议？

Mǐyà：Xiāngshuǐ huòzhě kǒuhóng yě kěyǐ, nǚshēng dōu xǐhuan zhèxiē。
米亚：香水或者口红也可以，女生都喜欢这些。

Ālǐ：Hǎo de, wǒ zài xiǎng xiang。Xièxie nǐ!
阿里：好的，我再想想。谢谢你！

# 语言知识 Language guidelines

## 知识 1 Tip 1

### 结果补语$_1$

“我们准备好生日蛋糕”

动词“完、懂、见、开、上、到、给、成”和形容词“好、对、错、早、晚”等都可以放在动词后边作结果补语，表示动作的结果。

The verbs “完、懂、见、开、上、到、给、成” and the adjectives “好、对、错、早、晚” and so on can be placed behind the verb as a result complement, indicating the result of the action.

肯定式：动词 + 结果补语（+了）

The affirmative form：verb + complement of result（+了）

例如：

E. g. ,

（1）请把门打开。

（2）我们都听懂老师的话了。

（3）这个字你写错了。

（4）对不起，我来晚了。

否定式：没（有）+ 动词 + 结果补语

The negative form：没（有）+ verb + complement of result

例如：

E. g. ,

（5）你没有做错。

（6）我没有想好。

（7）我没有看完这本书。

否定式中的结果补语后要去掉“了”。

In the negative form，“了” is removed from the end of the complement of result.

例如：

E. g. ,

（8）我们都没有听懂老师的话。（我们都没有听懂老师的话了。×）

（9）我没有看完这本书。（我没有看完这本书了。×）

正反疑问式：动词 + 结果补语（ + 宾语）了 + 没有

The affirmative-negative question form: verb + complement of result ( + object) 了 + 没有

例如：

E. g. ,

（10）我说的话你听到了没有？

（11）这道题大家做对了没有？

注意：动词后边有结果补语又有宾语时，宾语要放在结果补语后边。

Notes: If a verb takes both a complement of result and an object, the object is placed after the complement of result.

例如：

E. g. ,

（12）她看错人了。√

（13）她看人错了。×

（14）我没看见你的书。√

（15）我没看你的书见。×

动态助词“了”要放在结果补语的后边，宾语的前边。

The aspect particle “了” is placed after the complement of result and before the object.

例如：

E. g. ,

(16) 弟弟吃完了两碗米饭。

(17) 我想到了一个好办法。

**知识2 Tip 2**

**“会$_2$”**

“他一定会很开心！”

“会”除了表示能力（参见第三课），还可以表示可能，注重强调告知或估计某种可能性。“会”前面主语是人，表示主观意愿。

Apart from representing capability, “会” is also used to express the possibility of an action, emphasising the expect ations or predictions about the future. When the subject preceding “会” is a person, is implies the individual initiative of doing something.

例如：

E. g. ,

(1) 下午他会来吗？

(2) 明天会下雪吗？

(3) 这周末你会不会去北京？

## 知识3 Tip 3

**“顺便”**

“我陪你去吧，顺便去买个礼物。”

“……动词1……，顺便+动词2……”

借着在做一件事情时的便利，做另外一件事情，常常需要放在动词的前面。

“顺便”，usually preceding the verb，is used to suggest the idea of doing something while one’s at another task to save efforts.

例如：

E. g. ，

（1）中午我出去吃饭，顺便买点儿东西。

（2）艾文，你去图书馆的时候，顺便帮我还一本书吧。

（3）我刚好路过这里，顺便来看看你。

## 练习 Exercises

**1. 看图片，写词语。** Write the words according to the pictures.

| | | | |
|---|---|---|---|
|  |  |  |  |
| 一块（　　　） | 一张（　　　） | 一个（　　　） | 一份（　　　） |

| | | | |
|---|---|---|---|
|  |  |  |  |
| 一束（　　　） | 一盒（　　　） | 一瓶（　　　） | 三支（　　　） |

**2. 写词组，造句。** Write phrases and make sentences.

例如：送　<u>送礼物</u>　　<u>我送妈妈一份礼物。</u>

（1）订　______________　________________________

（2）陪　______________　________________________

（3）庆祝　____________　________________________

（4）准备　____________　________________________

（5）惊喜　____________　________________________

**3. 选词填空。** Choose the right words to fill in the blanks.

（一）

顺便　　准备　　主意　　祝福　　开心

（1）谢谢你对我的________。

（2）我也没有好________，我们去问问老师吧。

（3）我去商店买东西，________去吃饭。

（4）今天和大家一起过生日，真________！

（5）很快就要考试了，我们得好好________。

（二）

| |
|---|
| 这些　一定　建议　惊喜　句 |

（6）我真不知道以后要做什么工作，你能给我一点儿________吗？

（7）他想给女朋友一个大________。

（8）你是中国人，________知道长城在哪儿。

（9）桌子上________书都是谁的？

（10）你帮我看看，这________话是什么意思？

（三）

| |
|---|
| 完　错　好　开　对　懂　晚 |

（11）A：这个汉字你写________了吗？

B：对不起，我写________了。

（12）请打________门，今天有点儿热。

（13）昨天的作业你做________了吗？

（14）妈妈，我饿了，饭做________了吗？

（15）对不起，老师，我来________了。

（16）老师说的，你听________了吗？

**4. 组句**。Rearrange the words to form a sentence.

（1）准备　了　吗　你们　好

________________________________

（2）他　写错　汉字　了　很多

________________________________

（3）书　见　没有　我　你　的　看

______________________________

（4）懂　今天的课　都　我们　听　了

______________________________

（5）蛋糕　太　了　这个　大　吃　我　没　完

______________________________，______________________________

**5. 用给出的词语写句子**。Make sentences with the given words.

（1）书　完

______________________________

（2）这个汉字　错

______________________________

（3）电话　错

______________________________

（4）书　开

______________________________

（5）说什么　见

______________________________

（6）你的书　见

______________________________

（7）买　顺便　帮我

______________________________

（8）进来　顺便　关门

______________________________

**6. 说一说，写一写**。Talk and write.

（1）你自己的生日，你最想怎么过？

（2）你的父母过生日，你打算怎么准备？

**7. 学一学，做一做**。Learn and practice.

| | | | | | |
|---|---|---|---|---|---|
| shǔ<br>鼠 | niú<br>牛 | hǔ<br>虎 | tù<br>兔 | lóng<br>龙 | shé<br>蛇 |
| mǎ<br>马 | yáng<br>羊 | hóu<br>猴 | jī<br>鸡 | gǒu<br>狗 | zhū<br>猪 |

（1）今年是什么年？

（2）算一算，你属(shǔ)什么？

（3）老师给图片，指定一个同学表演或者描述上边的一个动物，然后让大家猜这个动物是什么。

**8. 阅读短文，回答问题**。Read the passage and answer the questions.

## 我在中国过生日

6月16日是我的生日。以前过生日，我都会和家人一起去餐厅吃饭，或者晚上跟朋友们出去玩儿。过生日是我最开心的日子，因为可以收到很多礼物，去年爸爸就送给我一部新手机，我可高兴了！

今年我在广州学中文，回不了家，我觉得没有人知道我的生日，但是没想到在广州的朋友们给了我一个大惊喜：他们准备了一个生日派对，买了一个大蛋糕，还有生日贺卡，每个人都写了祝福的话，大家一起唱生日歌，我觉得特别幸福。

晚上，我们一起去饭店吃饭，老板知道我生日以后，给我送了一碗面条，他说在中国过生日要吃面条，这叫长寿(shòu)面，真有意思呀！

补充词语：

| | | | |
|---|---|---|---|
| (1) | 收到 | shōudào | to receive |
| (2) | 回不了 | huí bù liǎo | could not go back |
| (3) | 没想到 | méi xiǎng dào | to one's surprise |
| (4) | 派对 | pàiduì | party |
| (5) | 幸福 | xìngfú | happy |
| (6) | 长寿 | chángshòu | longevity |

(1) 以前"我"怎么过生日？

(2)"我"喜欢过生日吗？为什么？

(3) 今年"我"的生日怎么过的？

(4) 中国人过生日常常吃什么？

**9. 续写故事**。Continue the story.

2023年6月16日　　星期五　　天气：晴

今天是6月16日，________的生日。为了（wèi le）（in order to）给他过生日，大家想了很多主意，有的人建议________，有的人________……

# 第十一课　第一个红包

## First red envelope

### 课前热身 Warming up

你有没有收到过红包？Have you ever received a red envelope?

### 生词 New words

| | | | | |
|---|---|---|---|---|
| 1 | 红包 | hóngbāo | 名 | red envelope |
| 2 | 好事 | hǎoshì | 名 | good thing |
| 3 | 收到 | shōudào | 动 | to receive |
| 4 | 经理 | jīnglǐ | 名 | manager |
| 5 | 发 | fā | 动 | to send out |
| 6 | 传统 | chuántǒng | 形 | traditional |

| | | | | |
|---|---|---|---|---|
| 7 | 大方 | dàfang | 形 | generous |
| 8 | 恭喜 | gōngxǐ | 动 | to congratulate |
| 9 | 发财 | fācái | 动 | to make a fortune |
| 10 | 得到 | dédào | 动 | to get |
| 11 | 这样 | zhèyàng | 代 | so, like this |
| 12 | 聪明 | cōngmíng | 形 | smart, clever |
| 13 | 喜事 | xǐshì | 名 | happy event |
| 14 | 结婚 | jiéhūn | 动 | to get married |
| 15 | 搬 | bān | 动 | to move |
| 16 | 等等 | děng děng | | and so on |
| 17 | 祝贺 | zhùhè | 动 | to congratulate |
| 18 | 吉利 | jílì | 形 | auspicious |
| 19 | 运气 | yùnqi | 名 | luck |
| 20 | 得 | děi | 副 | have to, must |
| 21 | 群 | qún | 量 | group |
| 22 | 抢 | qiǎng | 动 | to grab |

**专有名词 Proper nouns**

| | | | |
|---|---|---|---|
| 春节 | Chūnjié | 名 | Chinese New Year |

## 课文 Text

**课文1 Text 1**

Mǐnà: Nǐ jīntiān zěnme zhème kāixīn? Yǒu shénme hǎoshì a?
米娜：你 今天 怎么 这么 开心？有 什么 好事 啊？

Àiwén：Jīntiān wǒ shōu dào le yí gè hóngbāo, lǐmiàn yǒu sān bǎi kuài qián ne!
艾文：今天 我 收 到 了 一 个 红包， 里面 有 三 百 块 钱 呢！

Mǐnà：Shéi gěi nǐ de?
米娜：谁 给 你 的？

Àiwén：Wǒ de Zhōngguó jīnglǐ。
艾文：我 的 中国 经理。

Mǐnà：Tā wèi shénme yào gěi nǐ hóngbāo?
米娜：他 为 什么 要 给 你 红包？

Àiwén：Yīnwèi xiànzài shì Chūnjié, fā hóngbāo shì Zhōngguó rén de chuántǒng, suǒyǐ jīnglǐ gěi měi gè rén dōu fā le yí gè dà hóngbāo。
艾文：因为 现在 是 春节， 发 红包 是 中国 人 的 传统， 所以 经理 给 每 个 人 都 发 了 一 个 大 红包。

Mǐnà：Nǐmen jīnglǐ zhēn dàfang。
米娜：你们 经理 真 大方。

Àiwén：Shì a. Wǒ hái xué huì le yí jù huà：gōngxǐ fācái, hóngbāo ná lái! Rúguǒ nǐ xiǎng dédào hóngbāo, jiù kěyǐ zhèyàng shuō。
艾文：是 啊。我 还 学 会 了 一 句 话：恭喜 发财， 红包 拿来！ 如果 你 想 得到 红包， 就 可以 这样 说。

Mǐnà：Hā ha, gōngxǐ fācái, hóngbāo ná lái!
米娜：哈哈， 恭喜 发财， 红包 拿来！

Àiwén：Nǐ zhēn cōngmíng, xué de zhème kuài! Kěxī wǒ bú shì Zhōngguó rén。
艾文：你 真 聪明， 学 得 这么 快！可惜 我 不 是 中国 人。

## 课文 2 Text 2

Mǐnà：Tīngshuō Zhōngguó rén yǒu xǐshì de shíhou jiù huì fā hóngbāo。
米娜： 听说 中国 人 有 喜事 的 时候 就 会 发 红包。

Wáng Lèle：Shì de，guònián guòjié、jiéhūn、háizi shēngrì、bān xīn jiā
王 乐乐：是的， 过年 过节、结婚、孩子 生日、 搬 新 家

děng děng，dōu huì gěi hóngbāo。
等 等， 都 会 给 红包。

Mǐnà：Wèi shénme yào gěi hóngbāo ne？
米娜：为 什么 要 给 红包 呢？

Wáng Lèle：Gěi hóngbāo jiù shì zhùhè biérén，érqiě hóngsè shì jílì de
王 乐乐：给 红包 就 是 祝贺 别人，而且 红色 是 吉利 的

yánsè，gěi hóngbāo hái kěyǐ sòng gěi biérén hǎo yùnqi。
颜色，给 红包 还 可以 送 给 别人 好 运气。

Mǐnà：Hóngbāo yídìng děi shì xiànjīn ma？
米娜： 红包 一定 得 是 现金 吗？

Wáng Lèle：Bù yídìng，Wēixìn、Zhīfùbǎo shénme de dōu kěyǐ fā
王 乐乐：不 一定， 微信、 支付宝 什么 的 都 可以 发

hóngbāo。Wǒ de dìyī gè diànzǐ hóngbāo jiùshì zài Wēixìn
红包。 我 的 第一 个 电子 红包 就是 在 微信

shàng shōudào de。
上 收到 的。

Mǐnà：Shéi gěi nǐ fā de？
米娜：谁 给 你 发 的？

Wáng Lèle：Shì lǎoshī fā dào Wēixìn qún lǐ，wǒ qiǎng dào de。
王 乐乐：是 老师 发 到 微信 群 里，我 抢 到 的。

Mǐnà：Nǐ zhēn lìhai！
米娜：你 真 厉害！

Wáng Lèle：Nǎlǐ nǎlǐ！
王 乐乐：哪里 哪里！

## 语言知识 Language guidelines

### 知识1 Tip 1

**"什么的"**

"微信、支付宝什么的都可以发红包。"

"什么"加"的"用在一个成分或几个并列成分后，等于"等等"。用于口语。

As a colloquial phrase，"什么" and "的" are used after an element or several parallel elements，referming to "and so on".

例如：

E. g. ,

(1) 他不喜欢打篮球、踢足球什么的，就爱看书。

(2) 桌子上有中文书、本子、笔什么的。

### 知识2 Tip 2

**"想"和"要"**

"如果你想得到红包，就可以这样说。"

"为什么要给红包呢？"

"想"

表示希望、打算，后带动词或动词性短语。

"想" is used to express a hope or plan，following by a verb or verb phrase.

例如：

E. g. ,

（1）我想有一个大房子。

（2）我想学跳舞。

“要”

表示做某事的愿望，“要”比“想”更加坚决，常常表示说话人已经做了计划或决定。否定时用“不”“不想”“不愿意”，不能说“不要”。

“要” is used to express a desire to do something. It implies a stronger Serye of determination than “想”. It often means that the speaker has made a plan or decision. The negative form should be “不”, “不想” or “不愿意”, not “不要”.

例如：

E. g. ,

A：你去不去看电影？

B1：我要准备考试，不想去看电影。（√）

B2：我要准备考试，不要去看电影。（×）

“要”还有“需要、应该”的意思，否定形式用“不要”或“别”，表示劝阻。

“要” also means “must” or “should”. In this case, its negative form is “不要” or “别”, which is used to dissuade someone from doing something.

例如：

E. g. ,

（3）请不要说话。

（4）请别说话。

◆“想”“要”还可作一般动词，后带名词或名词性短语

“想” and “要” are also general verb, following by a noun or noun phrase.

“想”作动词时表示“思考”“考虑”“想念”的意思。

The verb “想” means “to think”, “to consider”, “to think of”, and “to miss”.

例如：

E. g. ,

（5）你们想想这是什么字？

（6）我很想家。

“要”作动词时表示“希望得到”。

The verb “要” denotes “would like to have”.

例如：

E. g. ,

A：你要什么？

B：我要一杯可乐。

## 知识3 Tip 3

**"得"**

"红包一定得是现金吗?"

"得"表示客观上的必要。否定为"不用"。

"得" denotes necessity depending on circumstances. The negative form is "不用".

例如:

E. g. ,

(1) 我妈妈生病了，我得陪她去医院。

(2) A: 妈妈，我一定得晚上九点以前回家吗?

B: 不用，但是你得给我打电话。

## 练习 Exercises

**1. 选词填空。Choose the right words to fill in the blanks.**

抢　聪明　恭喜　吉利　传统　可惜　红包　大方

(1) 他很（　　　　），学什么都很快。

(2) 我们足球队昨晚只输了一分，很（　　　　）。

(3) 他对朋友很（　　　　）。

(4) 中国人过春节的时候，常常要给（　　　　）。

(5)（　　　　）你搬新家了。

(6) 每个国家都有自己的（　　　　）文化。

(7) 微信上（　　　　）红包很有意思。

（8）红色在中国是（　　　　　）的颜色。

**2. 选择“会”“要”“想”“可以”填空。** Choose “**会**” “**要**” “**想**” or “**可以**” to fill in the blanks.

（1）我不（　　　　　）说法语，只会说英语。

（2）我很（　　　　　）学中国功夫。

（3）我很累，现在不（　　　　　）去打篮球。

（4）我想跟你借钱，（　　　　　）吗？

（5）这儿不（　　　　　）打电话。

（6）我（　　　　　）跳舞，而且跳得很不错。

（7）下午我（　　　　　）去医院看病。

（8）你（　　　　　）写汉字吗？

**3. 组句。** Rearrange the words to form a sentence.

（1）是　我　第一个　这　红包

________________________________________

（2）发　支付宝　微信　可以　都　什么的　红包

________________________________________

（3）红包　现金　是　得　不一定

________________________________________

（4）红包　都　搬家　结婚　中国人　给　的时候　和

________________________________________

（5）最　节日　传统　中国　是　春节　的　重要

________________________________________

(6) 听说 他 想 中国 很 来

______________________________

**4. 拼手气红包**。Lucky red envelopes.

每位同学轮流把一个拼手气红包发到班群里，发红包的时候要写上一句祝福语。发红包的人可以向获得最佳手气的同学提一个问题。

祝福语：

(1) 恭喜发财

(2) 学习进步

(3) 祝你生日快乐

(4) 新年快乐

(5) 大吉大利

(6) 百年好合

**5. 谁拿了我的红包**？Who took my red envelope?

老师将汉字和拼音放入不同的传统红包中，每位同学抽取一个红包，在规定时间内，要找到和自己红包对应的字或拼音。

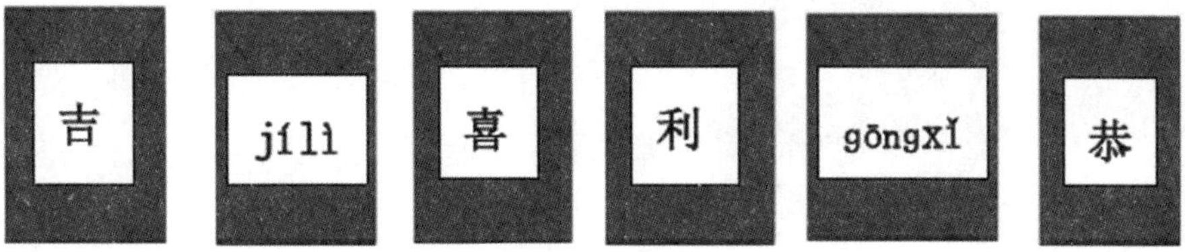

**6. 改错句**。Correct sentences.

（1）我要学习，不要玩游戏。

________________________________________

（2）他喜欢喝茶什么的和可乐。

________________________________________

（3）我得要怎么跟老师说。

________________________________________

（4）图书馆里别要大声说话。

________________________________________

（5）你会打网球不打？

________________________________________

（6）你不得帮帮我。

________________________________________

**7. 看图，用词造句**。Make sentences with the given words according the pictures.

| | | | |
|---|---|---|---|
| （1） |  | 红包 | |

| | | | |
|---|---|---|---|
| （2） |  | 结婚 | |
| （3） |  | 祝贺 | |
| （4） |  | 搬家 | |

**8. 红包小知识**。Knowledge about red envelopes.

（1）红包的演变。

传统红包是红色信封包装的，现代红包除了信封包的，还有电子支付的。

（2）发红包的原因。

A. 春节。

B. 结婚、升学、升职、乔迁等。

C. 当作礼物（生日、纪念日）。

D. 奖励方式。

（3）红包的金额。

A. 喜双不喜单。如一般是 200 元、600 元、800 元等。

B. 中国人喜爱的数字是 6、8，如 66、88、168、188、666、888 等。

给你的朋友或家人发红包，并向他们介绍红包的知识。

# 第十二课 快要考试了

# The exam is coming

## 课前热身 Warming up

快考试了，你最近在忙什么呢？The exam is coming, what have you been doing recently?

## 生词 New words

| | | | | |
|---|---|---|---|---|
| 1 | 学期 | xuéqī | 名 | semester |
| 2 | 结束 | jiéshù | 动 | to finish |
| 3 | 总是 | zǒngshì | 副 | always |
| 4 | 记住 | jì zhù | | to remember |

| | | | | |
|---|---|---|---|---|
| 5 | 及格 | jígé | 动 | to pass |
| 6 | 别 | bié | 副 | don't |
| 7 | 能 | néng | 动 | can |
| 8 | 通过 | tōngguò | 动/介 | to pass, to get through |
| 9 | 回 | huí | 动 | to go back |
| 10 | 继续 | jìxù | 动 | to go on, to continue |
| 11 | 可能 | kěnéng | 副 | possibly, perhaps, maybe |
| 12 | 肯定 | kěndìng | 副/动/形 | certainly; affirm; sure |
| 13 | 学费 | xuéfèi | 名 | tuition fee |
| | 费 | fèi | 名 | fee, charge, cost |
| 14 | 提前 | tíqián | 动 | in advance, ahead of schedule |
| 15 | 交 | jiāo | 动 | to pay, to hand over |
| 16 | 积极 | jījí | 形 | active |
| 17 | 综合 | zōnghé | 动 | combine |
| 18 | 阅读 | yuèdú | 名 | reading |
| 19 | 行李 | xíngli | 名 | luggage |
| 20 | 而且 | érqiě | 连 | and that |
| 21 | 航班 | hángbān | 名 | flight |
| 22 | 出发 | chūfā | 动 | to set out |
| 23 | 平时 | píngshí | 名 | at ordinary times |
| 24 | 预约 | yùyuē | 动 | to make an appointment |
| 25 | 司机 | sījī | 名 | driver |
| 26 | 接 | jiē | 动 | to pick up |

27　麻烦　máfan　动/形/名　to trouble; troublesome; trouble

## 课文 Text

### 课文1 Text 1

Mǐyà: Shíjiān guò de zhēn kuài, yí gè xuéqī jiù yào jiéshù le。
**米亚**：时间 过 得 真 快，一 个 学期 就 要 结束 了。

Ālǐ: Shìa, xià gè xīngqī yī jiù yào kǎoshì le。
**阿里**：是啊，下 个 星期 一 就 要 考试 了。

Mǐyà: Nǐ fùxí hǎo le ma?
**米亚**：你 复习 好 了 吗？

Ālǐ: Hái kěyǐ ba, nǐ ne?
**阿里**：还 可以 吧，你 呢？

Mǐyà: Wǒ hái méi fùxí hǎo, zǒngshì jì bú zhù, yǒu diǎnr dān xīn kǎo bù jígé。
**米亚**：我 还 没 复习 好，总 是 记 不 住，有 点儿 担 心 考 不 及格。

Ālǐ: Bié dānxīn, duō liànxí, nǐ yídìng néng tōngguò。
**阿里**：别 担心，多 练习，你 一定 能 通过。

Mǐyà: Hǎo le, bù shuō kǎoshì le, nǐ dǎsuàn shénme shíhou huí guó?
**米亚**：好 了，不 说 考试 了，你 打算 什么 时候 回 国？

Ālǐ: Xià gè xīngqī sān wǒ jiù yào huí guó le。
**阿里**：下 个 星期 三 我 就 要 回 国 了。

Mǐyà: Nà xià xué qī nǐ hái jìxù xué ma?
**米亚**：那 下 学期 你 还 继续 学 吗？

Ālǐ: Bù yídìng。Suīrán wǒ hěn xiǎng xué, dànshì kěnéng méi shíjiān。Nǐ ne?
**阿里**：不 一定。虽然 我 很 想 学，但是 可能 没 时间。你 呢？

Mǐyà：Wǒ kěndìng lái a，xià gè xuéqī de xuéfèi wǒ yǐjīng tíqián jiāo le。
米亚：我 肯定 来啊，下 个 学期 的 学费 我 已经 提前 交 了。

Ālǐ：Nǐ zhēn jījí！
阿里：你 真 积极！

## 课文 2 Text 2

（kǎo shì jiéshù hòu）
（考 试 结束 后）

Lín Yī：Nǐ kǎo de zěnme yàng？
林 一：你 考 得 怎么 样？

Ālǐ：Zōnghé kè hé tīngshuō kè hái búcuò，dànshì yuèdú kè kǎo de bǐjiào zāogāo。
阿里：综合 课 和 听说 课 还 不错，但是 阅读 课 考 得 比较 糟糕。

Lín Yī：Kǎo wán le jiù bié xiǎng le。Nǐ míngtiān huíguó，xíngli duō ma？Xūyào wǒ sòng nǐ ma？
林 一：考 完 了 就 别 想 了。你 明天 回 国，行李 多 吗？需要 我 送 你 吗？

Ālǐ：Bú yòng le，wǒ zhǐyǒu yí jiàn xíngli，érqiě míngtiān shì jiǔ diǎn de hángbān，wǒ děi zǎo diǎnr chūfā。
阿里：不 用 了，我 只有 一 件 行李，而且 明天 是 九 点 的 航 班，我 得 早 点儿 出发。

Lín Yī：Méi guānxi，píngshí wǒ jiù qǐ de hěn zǎo，sòng nǐ méi wèntí。Nǐ yùyuē chē le ma？
林 一：没 关系，平 时 我 就 起 得 很 早，送 你 没 问题。你 预约 车 了 吗？

Ālǐ：Yǐjīng yùyuē hǎo le，liù diǎn bàn sījī dào sùshè lóu xià jiē wǒ。
阿里：已经 预约 好 了，六 点 半 司机 到 宿舍 楼 下 接 我。

Lín Yī：Nà wǒ tíqián wǔ fēn zhōng qù zhǎo nǐ。
林 一：那 我 提前 五 分 钟 去 找 你。

Ālǐ : Hǎo ba, nà jiù máfan nǐ le。
**阿里**：好 吧，那 就 麻烦 你 了。

## 语言知识 Language guidelines

### 知识1 Tip 1

**“就要……了”**

“下个星期一就要考试了。”

动作即将发生的表达。中文用“要……了”“就要……了”“快要……了”“快……了”表示动作即将发生。

“要……了”“就要……了” and “快要……了”“快……了” are used in Chinese to indicate that something is about to happen.

例如：

E. g. ,

(1) 要下雨了。

(2) 快要下课了。

(3) 下星期就要回国了。

句子中如果有表示具体时间的词语作状语时，不能用“快要……了”“快……了”。

If there are words indicating a specific time in a sentence as adverbials, it is not allowed to use “快要……了”“快……了”.

(4) 下个月妈妈快要来中国了。(×)

（5）下个月妈妈就要来中国了。（√）

## 知识2 Tip 2

**“能”**

“你一定能通过。”

“能”表示有能力或条件做某事，尤其指能力达到一定程度和水平或恢复某种能力。否定时用“不能”。

“能” indicates the ability or condition to do something, especially the ability to achieve a certain degree or level or the resumption of a certain ability. The negative form is “不能”.

例如：

E. g. ,

（1）他一分钟能写20个字。（写字达到一定水平）

（2）他一口气能游一千米。

（3）我的腿(tuǐ)好了，又能走了。（恢复(huīfù)行走的能力）

“能”表示客观上有条件做某事，客观上有这种可能性。

“能” means that it is objectively possible to do something.

例如：

E. g. ,

（4）在广州100块钱能买很多东西。

（5）你去找阿里吧，他认识不少人，能帮你的忙。

表示情理上允许或者环境许可，常用于疑问或否定。表示肯定时用“可以”。

“能” also means it is reasonable to do something or that circumstances allow one to do something, usually used in negative sentences or questions. One may use “可以” to give a positive answer to a general question of “能”.

(6) 这是医院，不能抽烟。

(7) 我生病了，不能来上课。

(8) 这不是我们的教室，能在这儿学习吗?

◆比较“能”和“会”

“能”和“会”都可以表示“能力”或“可能”。一般更多用“会”。表示没有某种能力时只能用“不会”。

Both “能” and “会” can indicate the ability or possibility to do something, and “会” is used more often. To indicate the lack of an ability, “不会” is the only option.

例如:

E. g. ,

(9) 我会游泳。(能√)

(10) 雨这么大，他能来吗?(会√)

(11) 这个汉字我不会读。(能×)

强调能力达到一定程度、水平或效率或表示恢复了某种能力，只能用“能”。

To indicate the level of mastery or resumption of a certain ability, "能" is the only option.

例如：

E. g. ,

（12）我一次能吃三碗米饭。（会 ×）

（13）我的手现在不疼了，能写汉字了。（会 ×）

在表示可能性时，"能"着重表示客观上有条件做，"会"更侧重于表示个人的主观意愿，着重在于告诉别人某种可能性，或估计某种可能性。

"能" indicates the objective possibility to do something; "会" emphasizes the subjective initiative of doing something, often used to express potential trends.

例如：

E. g. ,

（14）他生病了，不能来上课。（会 ×）

（15）都 12 点了，他 应该(yīnggāi) 不会来了。（能 ×）

## 知识 3 Tip 3

**"肯定"**

"我肯定来啊。"

"肯定"可以作动词、形容词和副词。

“肯定” can be used as a verb, an adjective or an adverb.

作副词的时候，表示一定、必定。

As an adverb, it means “surely, certainly” .

例如：

E. g. ,

(1) 你姐姐肯定很漂亮。

(2) 他今天肯定不来上课。

作动词时，表示作出判断、确定。

As a verb, it means “to affirm” .

例如：

E. g. ,

(3) 他来不来，我不能肯定。

(4) 我可以肯定，他今天不会来了。

作形容词时，表示确切、明确的。

As an adjective, it means “exact, definite” .

例如：

E. g. ,

(5) 你能给我一个肯定的回答吗？

## 知识4 Tip 4

**"还$_2$"**

"还可以吧，你呢？"

"综合课和听说课还不错，但是阅读课考得比较糟糕。"

用在形容词前，表示程度上勉强过得去（一般是往好的方面说）。

"还" is used before an adjective to show a tolerable degree (generally in a positive way).

例如：

E. g. ,

（1）他的中文说得还不错。

（2）我现在的生活过得还可以。

（3）这家饭店的价格还算便宜。

## 知识5 Tip 5

**"那就……"**

"那就麻烦你了。"

连词"那"表示顺着上文的语意说应有的结果或做出判断。"那就麻烦你了。"此处省略了"如果这样"，原文应为"如果这样，那就麻烦你了。""如果……，那就……"是中文中常常用的句式。

The conjunction "那" indicates the result or judgment from the previous context. In the sentence "那就麻烦你了", "如果这样" is omitted. The whole sentence should be "如果这样，那就麻烦你了". "如果……，那就……" is often used in Chinese.

例如：

E. g. ,

(1) A：你的书太重了，我来帮你吧。

B：那就辛苦你了。

(2) A：我们打算明天先去爬山，然后去一起吃饭。

B：好的，那就这样决定吧。

## 练习 Exercises

**1. 选词填空。** Choose the right words to fill in the blanks.

过　担心　别　一定　还　平时　肯定　送　能

(1) 他________6点就去公园跑步，今天晚了点儿。

(2) 今天是他的生日，你要________他什么礼物？

(3) 我想跟朋友一起________圣诞节。

(4) 这次我没有复习好，我很________考不好。

(5) 他身体不舒服，今天不________游泳。

(6) ________说话了，已经上课了。

(7) 明天你________要来上课。

(8) 我________他没有拿你的钱包(qiánbāo)。

(9) 我的中文口语________不错，汉字不太好。

**2. 根据例句，用“就要……了”“快要……了”写句子。**Make sentences with “**就要……了**”“**快要……了**” according to the example sentences.

（1）妈妈说星期三来中国，今天星期二。

______________________________

（2）12：10 下课，现在已经 12：05 了。

______________________________

（3）期末考试是 7 月 1 号，今天是 6 月 29 号。

______________________________

（4）火车 10：00 开（kāi），现在是 9：58。

______________________________

（5）我买了 7 月 18 日的飞机票回国，今天 7 月 17 日。

______________________________

**3. 组句。**Rearrange the words to form a sentence.

（1）下　要　了　星期一　考试　就

______________________________

（2）继续　下学期　中文　我　学习　想

______________________________

（3）提前　小时　我　起床　半　个

______________________________

（4）考　不错　得　考试　他　还　这次

______________________________

（5）担心　及格　不　有点儿　我

______________________________________________

**4. 完成对话。**Complete the dialogues.

A：________________？

B：下个星期就要考试了。

A：你复习得怎么样？

B：________________。

A：别担心，________________。

B：________________，你什么时候回国？

A：______________________________。

B：我去送送你吧。

A：________________，我的飞机是晚上12：00的，太晚了。

B：没关系，________________。

**5. 改错句。**Correct the sentences.

（1）我的手受伤了，不会打羽毛球。

______________________________________________

（2）这里不会停车。

______________________________________________

（3）你会去不去上课？

______________________________________________

（4）他每个星期去游泳一两次。

______________________________________________

（5）他没学过英语，只能说中文，不能说英语。

______________________________

（6）她中文说得很好，会跟中国人聊天呢。

______________________________

（7）今天下午我去见面我的朋友。

______________________________

（8）不好意思，我今天有点儿不舒服，不要陪你去了。

______________________________

**6. 阅读短文，判断对错，对的打“√”，错的打“×”。** Choose true or false according to the passage.

时间过得真快，一个学期很快就要过去了。还记得（jìde）刚来中国的时候，我一句话也听不懂（dǒng），一个汉字也看不懂。现在我已经可以用中文跟中国人聊天儿，会写很多汉字了。我还考了 HSK3，但是考试的结果（jiéguǒ）还没有出来，不知道通过了没有。来中国以前，我的朋友都告诉我中文很难，现在学了中文，我觉得中文虽然有点儿难，但是也很有意思。比如，“吃食堂”的意思是“在食堂吃饭”。“汉字”读“hànzì”，不能读成“hànzi（汉子）”。以后我会更（gèng）努力（nǔlì）地学习中文，希望（xīwàng）下个学期有更大的进步（jìnbù）。

（1）“我”已经在中国学习一个学期了。（ ）

（2）刚来中国的时候，“我”看不懂汉字，听不懂中文。（ ）

（3）“我”通过了 HSK3 的考试。（ ）

（4）“我”觉得中文有点儿难，但是很有意思。（　）

（5）“汉字”读“hànzì”和“hànzi（汉子）”是一样的。（　）

**7. 用下列词语续写短文。**Continue the passage with the following words.

就要……了　继续　肯定　想　会　还不错

这是我在中国学习中文的第一个学期，今天考完试了，……

# 参考答案 Answers

## 第一课　我们的校园

1. A. 图书馆　B. 运动场　C. 餐厅　D. 健身房　E. 游泳池
   F. 亭子　G. 湖　H. 机场
   （1）H　（2）C　（3）A　（4）B　（5）G　（6）D
   （7）F　（8）E

2. （1）C　（2）B　（3）D　（4）A　（5）D　（6）B
   （7）A　（8）B

3. （1）D　（2）C　（3）C　（4）A　（5）B

4. （略）

5. （略）

6. （略）

7.（一）图书馆在哪里？

怎么去那里？

不客气。

（二）你们学校大吗？

怎么去

教学楼南边是什么？

8.（略）

## 第二课　明天有小雨

1. A. 热　B. 刮风　C. 冷　D. 下雨　E. 晴天　F. 暖和

（1）C　（2）B　（3）E　（4）A　（5）D　（6）F

2.（1）行　（2）查　（3）时候　（4）过　（5）舒服

（6）气温　（7）没　（8）不　（9）不　（10）没

（11）没　不　（12）没　不

3.（1）今天的天气真好！

（2）今天的天气预报你看了吗？

（3）咱们明天去大夫山骑自行车吧。/明天咱们去大夫山骑自行车吧。

（4）看一下明天的天气吧。

（5）现在是广州天气最好的时候。

4.（1）你去了哪里？

（2）我买了本子。

（3）你吃饭了吗？

（4）他吃了 8 个饺子。

5.（1）他每个周末去打球。

（2）明天我不去公园。

（3）我每天都去餐厅吃饭。

（4）手机有点儿贵。

（5）我可以说一点儿中文。

（6）今天天气有点儿冷。

6.（略）

7.（略）

8.（略）

## 第三课　我喜欢中秋节

1. A. 花灯　B. 灯笼　C. 月亮　D. 公园　E. 月饼

（1）A　（2）E　（3）D　（4）C　（5）B

2. 挂灯笼、放假、吃月饼、猜灯谜、看展览、中秋节、中国通

3.（1）又便宜又好喝
（2）又大又圆
（3）又红又大
（4）又黑又长

4.（1）她看起来很生气。
（2）包子闻起来真香。
（3）这件事听起来很有意思。
（4）你做的菜看起来不好吃，吃起来很不错。
（5）榴莲闻起来臭，吃起来香。

5.（1）他中秋节那天和家人一起赏月。
（2）中秋节的时候很多地方挂灯笼。
（3）他是一个中国通。
（4）我是会做月饼的学生之一。
（5）中秋节是中国重要的节日之一。
（6）今晚的月亮又大又圆。

6.（略）

7.（略）

8.（略）

## 第四课　请帮我剪短一点儿

1. 打折、看杂志、剪短一点儿、欢迎光临、贵重东西、染颜色、特别时尚

2. （1）安排　（2）发型　（3）流行　（4）欢迎　（5）适合　（6）放　（7）让　（8）贵重　（9）特别　（10）时尚

3. （1）我只想剪短一点儿。
（2）让7号发型师给你剪吧。
（3）阿里请我们去他家吃饭。
（4）公司派我去北京。
（5）这是我第一次来广州。
（6）贵重东西可以放在我的书包里。

4. （略）

5. （略）

6. （略）

7. （1）这款发型特别好看。
（2）剪发前先洗头。

（3）这里的商品正在打折。

（4）这本杂志很好看。

8.（略）

## 第五课　下星期有运动会

1. 打破纪录、得了冠军、坚持长跑、比赛项目、报名表、扔铅球、很厉害

2.（略）

3.（1）她跳得很高。

（2）他跑得很快。

（3）他吃得很饱。

（4）他睡得早。

4.（1）唱得不好听

（2）跳得不太远

（3）扔得很远

（4）做得很好吃

（5）打得很好

（6）写得很好看

5. (1) 因为生病了
(2) 可惜这次考试没考好
(3) 但是仍然坚持学习
(4) 每天坚持锻炼
(5) 我会给同学加油
(6) 所以报名参加一百米比赛

6. (略)

7. (略)

8. (略)

## 第六课 去银行

1. 银行卡、输入密码、补办新卡、电话挂失、不客气、填写申请表、工作日

2. (1) C (2) A (3) C (4) B (5) C (6) B
(7) C (8) C

3. (1) 以后 (2) 然后 (3) 以后 (4) 然后 (5) 遍
(6) 次 (7) 次 (8) 次 (9) 遍

4. (1) 填写申请表　办银行卡要先填写开户申请表。

(2) 输入密码　请你输入六位数的新密码。

(3) 电话挂失　银行卡丢了可以先打电话挂失。

(4) 带资料　赶紧带好资料去银行办理新卡。

(5) 赶紧走　时间快到了，赶紧走吧。

5. (1) 请给我你的护照。

(2) 你现在可以去银行补办新卡。/现在你可以去银行补办新卡。

(3) 15 个工作日后可以拿到新卡。

(4) 请看一下写得对不对。

(5) 你现在赶紧去学校吧。

(6) 请再输入一遍新卡的密码。

6. B　G　C　E　A　F　D

7. (略)

8. (略)

## 第七课　坐地铁

1. 坐地铁、投币、出示乘车码、很热闹、目的地、售票机、服务台

2.（1）中午吃了米饭，还是吃面条吧。

（2）上次去了香港了，这次还是去上海吧。

（3）下午不去唱歌了，还是去打篮球吧。

（4）坐公共汽车会很堵，还是坐地铁比较好。

3.（1）我从来不喝酒。

（2）他从来没去过北京路。

（3）我先去图书馆，然后去商店。/我先去商店，然后去图书馆。

（4）今天我们还是喝咖啡吧。/我们今天还是喝咖啡吧。

（5）他忘记带交通卡了。

（6）你先去换硬币，然后再买票。

4.（略）

5.（1）我每天听一次中文歌。

（2）我没有去过医院。

（3）我们见过一次面。

（4）这个汉字我在书上看到过。

（5）我去看过老师。

6.（1）过　（2）了　（3）过　过　（4）了　（5）过

（6）又　（7）再　（8）又　再　（9）再　（10）又

（11）再

7.（略）

8.（略）

9.（略）

## 第八课　她的中文比我好

1. 认真复习、哪里见面、打保龄球、真有意思、不见不散、说得流利、进步很大

2.（1）担心　（2）认真　（3）决定　（4）进步
（5）表扬　（6）有意思　（7）流利　（8）愿意
（9）见面　（10）表演

3.（略）

4.（1）明天比今天更热。
（2）今天比昨天更冷。
（3）飞机票比火车票更贵。
（4）公交车票比地铁票更便宜。
（5）米娜比米亚游得更快。
（6）艾文比阿里吃得更多。

5.（1）你参加咱们班的中文节目表演吗？

（2）我担心我的口语不太好。

（3）他上课很认真，也经常复习。

（4）姐姐下午教我打保龄球。/下午姐姐教我打保龄球。

（5）虽然看起来很好玩儿，但是我不会。

（6）她的中文说得比我好得多。

（7）咱们下午两点在宿舍楼前面见面吧。/下午两点咱们在宿舍楼前面见面吧。

6.（略）

7.（略）

8.（略）

## 第九课　我感冒了

1.（1）帮忙　我有事要请你帮忙。

（2）头疼　我今天感冒了，头很疼。

（3）向老师请假　我今天不舒服，请帮我向老师请假。

（4）很严重　你的病不是很严重。

（5）按时吃药　你要按时吃药，病才会好得快。

2.（1）陪　（2）起床　（3）难受　（4）越来越　（5）注意
（6）按时　（7）严重　（8）休息　（9）帮　（10）片

3.（1）个/一会儿　（2）了/了一首　（3）了　（4）过一次
（5）两天　（6）看了 30 分钟了　（7）打了一个小时了
（8）学了八个月了

4.（1）越来越喜欢这里
（2）身体越来越好了
（3）越来越多外国人
（4）越来越大

5.（1）我中午吃了两碗饭。/中午我吃了两碗饭。
（2）她刚刚游了一个小时泳。
（3）我每天都跑半个小时步。
（4）我这个月上了三十天班。/这个月我上了三十天班。
（5）我们每个星期一起吃两次饭。

6.（1）他今天感冒了。
（2）我去看病。
（3）他感冒了，要打针。
（4）妈妈陪儿子玩。
（5）她的头发越来越长。
（6）她累了，正在休息。

7.（1）今天我看了一个多小时电视。/我今天看了一个多小时电视。

（2）我已经五天没上班了。

（3）他学习法语两年了。/他学习了两年法语。

（4）我没迟到。/我迟到了。

（5）她睡了十个小时觉。

（6）他越来越聪明。/他很聪明。

8.（一）怎么　舒服　疼　请假　休息　陪

（二）哪里　牙疼　发炎　严重　开点　次　片　按时　多　不

9.（略）

## 第十课　明天是班长的生日

1. 蛋糕　贺卡　包　礼物　花　巧克力　香水　口红

2.（1）订外卖　中午我已经订了外卖。

（2）陪她　我陪她一起去看电影。

（3）庆祝生日　今天我们给他庆祝生日。

（4）准备考试　我在准备明天的考试。

（5）带来惊喜　他总是给我们带来惊喜。

3.（1）祝福　（2）主意　（3）顺便　（4）开心　（5）准备

（6）建议　（7）惊喜　（8）一定　（9）这些　（10）句

（11）对　错　（12）开　（13）完　（14）好　（15）晚

（16）懂

4.（1）你们准备好了吗？

（2）他写错了很多汉字。

（3）你看见我的书没有？

（4）今天的课我们都听懂了。

（5）这个蛋糕太大了，我没吃完。

5.（1）这本书我看完了。

（2）这个汉字你写错了。

（3）你打错电话了。

（4）把书打开。

（5）她说什么我没听见。

（6）你的书不见了。

（7）你去超市买东西的时候顺便帮我买支铅笔。

（8）你进来的时候顺便关门。

6.（略）

7.（略）

8.（1）以前过生日，我都会和家人一起去餐厅吃饭，或者晚上跟朋友们出去玩儿。

（2）很喜欢。因为可以收到很多礼物。

（3）跟广州的朋友一起过。他们准备了一个生日派对，买了一个大蛋糕，还有生日贺卡，每个人都写了祝福的话，大家一起唱生日歌，晚上还一起去饭店吃饭。

（4）长寿面。

9.（略）

## 第十一课　第一个红包

1.（1）聪明　（2）可惜　（3）大方　（4）红包　（5）恭喜
（6）传统　（7）抢　（8）吉利

2.（1）会　（2）想　（3）想　（4）可以　（5）可以
（6）会　（7）要/想　（8）会

3.（1）这是我第一个红包。
（2）微信支付宝什么的都可以发红包。
（3）红包不一定得是现金。
（4）中国人搬家和结婚的时候都给红包。
（5）春节是中国最重要的传统节日。
（6）听说他很想来中国。

4.（略）

5. （略）

6. （1）我想学习，不想玩游戏。
   （2）他喜欢喝茶和可乐什么的。
   （3）我要怎么跟老师说？
   （4）图书馆里别大声说话。
   （5）你会打网球不？
   （6）你得帮帮我。

7. （1）我收到一个大红包。
   （2）他们今天结婚。
   （3）今天你们结婚，祝贺你们！
   （4）我们昨天搬家了。

8. （略）

## 第十二课　快要考试了

1. （1）平时　（2）送　（3）过　（4）担心　（5）能
   （6）别　（7）一定　（8）肯定　（9）还

2. （1）我的妈妈就要来中国了。
   （2）快要下课了。
   （3）快要期末考试了。

（4）火车快要开了。

（5）我就要回国了。

3.（1）下星期一就要考试了。

（2）我想下学期继续学习中文。

（3）我提前半个小时起床。

（4）他这次考试考得还不错。

（5）我有点儿担心不及格。

4.（略）

5.（1）我的手受伤了，不能打羽毛球。

（2）这里不能停车。

（3）你会不会去上课？

（4）他每个星期去游一两次泳。

（5）他没学过英语，只会说中文，不会说英语。

（6）她中文说得很好，能跟中国人聊天呢。

（7）今天下午我去跟我的朋友见面。

（8）不好意思，我今天有点儿不舒服，不能陪你去了。

6.（1）× （2）√ （3）× （4）√ （5）×

7.（略）

# 词汇表 Vocabulary

## 生词总表（按音序排列）

### A

| | | |
|---|---|---|
| 哎呀* | āiyā | (2) |
| 安排 | ānpái | (4) |
| 按时 | ànshí | (9) |

### B

| | | |
|---|---|---|
| 拔河 | báhé | (5) |
| 班长 | bānzhǎng | (10) |
| 搬 | bān | (11) |
| 办公楼 | bàngōng lóu | (1) |
| 帮 | bāng | (9) |
| 棒 | bàng | (8) |
| 包 | bāo | (10) |

注：括号里的数字表示生词所在的课。

Note: The numbers in brackets indicate the lesson where the new words are located.

| | | |
|---|---|---|
| 保龄球* | bǎolíngqiú | (8) |
| 报名 | bàomíng | (5) |
| 比 | bǐ | (8) |
| 遍 | biàn | (6) |
| 表 | biǎo | (5) |
| 表演 | biǎoyǎn | (8) |
| 表扬 | biǎoyáng | (8) |
| 别 | bié | (12) |
| 别人 | biérén | (7) |
| 补办 | bǔbàn | (6) |
| 不错 | búcuò | (1) |
| 不见不散 | bújiàn bú sàn | (8) |

## C

| | | |
|---|---|---|
| 猜 | cāi | (3) |
| 才 | cái | (7) |
| 参观 | cānguān | (1) |
| 餐厅 | cāntīng | (1) |
| 查 | chá | (2) |
| 长跑 | chángpǎo | (5) |
| 尝 | cháng | (3) |
| 车站 | chēzhàn | (8) |
| 成绩 | chéngjì | (5) |
| 乘 | chéng | (7) |

| | | |
|---|---|---|
| 乘车码 | chéng chē mǎ | (7) |
| 出发 | chūfā | (12) |
| 出口 | chūkǒu | (7) |
| 出示 | chūshì | (7) |
| 传统 | chuántǒng | (11) |
| 次 | cì | (3) |
| 从来 | cónglái | (7) |
| 聪明 | cōngmíng | (11) |
| 错误 | cuòwù | (6) |

## D

| | | |
|---|---|---|
| 大方 | dàfang | (11) |
| 大家 | dàjiā | (3) |
| 打破 | dǎpò | (5) |
| 打针 | dǎzhēn | (9) |
| 担心 | dānxīn | (8) |
| 得 | de | (5) |
| 得 | dé | (5) |
| 得到 | dédào | (11) |
| 得 | děi | (11) |
| 灯笼 | dēnglong | (3) |
| 灯谜 | dēngmí | (3) |
| 等等 | děng děng | (11) |
| 低 | dī | (2) |

| | | |
|---|---|---|
| 地方 | dìfang | (3) |
| 丢 | diū | (6) |
| 度 | dù | (2) |
| 短 | duǎn | (4) |
| 锻炼 | duànliàn | (1) |
| 对面 | duìmiàn | (1) |

## E

| | | |
|---|---|---|
| 而且 | érqiě | (12) |

## F

| | | |
|---|---|---|
| 发 | fā | (11) |
| 发财 | fācái | (11) |
| 发烧 | fāshāo | (9) |
| 发炎 | fāyán | (9) |
| 发型 | fàxíng | (4) |
| 发型师 | fàxíng shī | (4) |
| 放 | fàng | (4) |
| 放假 | fàngjià | (3) |
| 费 | fèi | (12) |
| 分数 | fēnshù | (8) |
| 粉丝 | fěnsī | (5) |
| 风 | fēng | (2) |

| | | |
|---|---|---|
| 服务台 | fúwù tái | (7) |
| 复习 | fùxí | (8) |

## G

| | | |
|---|---|---|
| 该 | gāi | (6) |
| 改天 | gǎitiān | (2) |
| 赶紧 | gǎnjǐn | (6) |
| 感冒 | gǎnmào | (9) |
| 高 | gāo | (2) |
| 恭喜 | gōngxǐ | (11) |
| 公园 | gōngyuán | (3) |
| 工作日 | gōngzuòrì | (6) |
| 刮 | guā | (2) |
| 挂 | guà | (3) |
| 挂失 | guàshī | (6) |
| 冠军 | guànjūn | (5) |
| 光临 | guānglín | (4) |
| 逛 | guàng | (7) |
| 逛街 | guàng jiē | (7) |
| 柜子 | guìzi | (4) |
| 贵重 | guìzhòng | (4) |
| 过 | guò | (2) |

## H

| | | |
|---|---|---|
| 航班 | hángbān | （12） |
| 好吃 | hǎochī | （3） |
| 好事 | hǎoshì | （11） |
| 盒（子） | hé（zi） | （3） |
| 贺卡 | hèkǎ | （10） |
| 红色 | hóngsè | （1） |
| 红包 | hóngbāo | （11） |
| 湖 | hú | （1） |
| 护照 | hùzhào | （6） |
| 花 | huā | （10） |
| 花灯 | huādēng | （3） |
| 话 | huà | （10） |
| 欢迎 | huānyíng | （4） |
| 回 | huí | （12） |
| 会 | huì | （3） |

## J

| | | |
|---|---|---|
| 机场 | jīchǎng | （1） |
| 积极 | jījí | （12） |
| 及格 | jígé | （12） |
| 吉利 | jílì | （11） |
| 记住 | jìzhù | （12） |

| | | |
|---|---|---|
| 纪录 | jìlù | (5) |
| 继续 | jìxù | (12) |
| 加油 | jiāyóu | (5) |
| 家人 | jiārén | (3) |
| 坚持 | jiānchí | (5) |
| 剪 | jiǎn | (4) |
| 见面 | jiànmiàn | (8) |
| 建议 | jiànyì | (10) |
| 交 | jiāo | (12) |
| 交通卡 | jiāotōng kǎ | (7) |
| 教 | jiāo | (8) |
| 教学楼 | jiàoxué lóu | (1) |
| 接 | jiē | (12) |
| 节目 | jiémù | (8) |
| 节日 | jiérì | (3) |
| 结婚 | jiéhūn | (11) |
| 结束 | jiéshù | (12) |
| 进步 | jìnbù | (8) |
| 进站 | jìn zhàn | (7) |
| 近 | jìn | (1) |
| 经常 | jīngcháng | (8) |
| 经理 | jīnglǐ | (11) |
| 惊喜 | jīngxǐ | (10) |
| 旧 | jiù | (6) |
| 就 | jiù | (1) |

| | | |
|---|---|---|
| 句 | jù | (10) |
| 决定 | juédìng | (8) |
| 觉得 | juéde | (4) |

## K

| | | |
|---|---|---|
| 卡片 | kǎpiàn | (10) |
| 开户 | kāi hù | (6) |
| 开心 | kāixīn | (10) |
| 开药 | kāi yào | (9) |
| 可能 | kěnéng | (12) |
| 可是 | kěshì | (8) |
| 咳嗽* | késou | (9) |
| 可惜 | kěxī | (5) |
| 肯定 | kěndìng | (12) |
| 口红 | kǒuhóng | (10) |
| 快 | kuài | (1) |
| 快乐 | kuàilè | (10) |
| 款 | kuǎn | (4) |

## L

| | | |
|---|---|---|
| 了 | le | (2) |
| 冷 | lěng | (2) |
| 礼物 | lǐwù | (10) |

| | | |
|---|---|---|
| 里面 | lǐmiàn | (3) |
| 理发店 | lǐfà diàn | (4) |
| 力气 | lìqi | (5) |
| 厉害 | lìhai | (5) |
| 脸型 | liǎnxíng | (4) |
| 另 | lìng | (1) |
| 流利 | liúlì | (8) |
| 流行 | liúxíng | (4) |

## M

| | | |
|---|---|---|
| 麻烦 | máfan | (12) |
| 每 | měi | (1) |
| 每天 | měitiān | (1) |
| 没事儿 | méishìr | (9) |
| 米 | mǐ | (5) |
| 密码 | mìmǎ | (6) |
| 名牌 | míngpái | (10) |
| 明星 | míngxīng | (5) |
| 摸 | mō | (9) |
| 目的地 | mùdì dì | (7) |

## N

| | | |
|---|---|---|
| 拿 | ná | (5) |

| | | |
|---|---|---|
| 哪里 | nǎlǐ | (8) |
| 那 | nà | (2) |
| 难受 | nánshòu | (9) |
| 能 | néng | (12) |
| 暖和 | nuǎnhuo | (2) |

## P

| | | |
|---|---|---|
| 爬 | pá | (2) |
| 陪 | péi | (9) |
| 片 | piàn | (9) |
| 票 | piào | (7) |
| 平时 | píngshí | (12) |

## Q

| | | |
|---|---|---|
| 起床 | qǐchuáng | (9) |
| 起来 | qǐlái | (3) |
| 气温 | qìwēn | (2) |
| 千 | qiān | (5) |
| 铅球 | qiānqiú | (5) |
| 签名 | qiānmíng | (6) |
| 抢 | qiǎng | (11) |
| 巧克力 | qiǎokèlì | (10) |
| 晴天 | qíngtiān | (2) |

| | | |
|---|---|---|
| 请假 | qǐngjià | (9) |
| 庆祝 | qìngzhù | (10) |
| 确认 | quèrèn | (6) |
| 群 | qún | (11) |

## R

| | | |
|---|---|---|
| 然后 | ránhòu | (6) |
| 染 | rǎn | (4) |
| 让 | ràng | (4) |
| 热闹 | rènao | (7) |
| 认真 | rènzhēn | (8) |
| 扔 | rēng | (5) |
| 如果 | rúguǒ | (4) |
| 入口 | rùkǒu | (7) |

## S

| | | |
|---|---|---|
| 嗓子 | sǎngzi | (9) |
| 山 | shān | (2) |
| 赏 | shǎng | (3) |
| 上午 | shàngwǔ | (9) |
| 生日 | shēngrì | (10) |
| 时候 | shíhou | (2) |
| 时尚 | shíshàng | (4) |

| | | |
|---|---|---|
| 适合 | shìhé | (4) |
| 收到 | shōudào | (11) |
| 售票机 | shòupiào jī | (7) |
| 舒服 | shūfu | (2) |
| 输入 | shūrù | (6) |
| 数字 | shùzì | (6) |
| 睡觉 | shuìjiào | (9) |
| 顺便 | shùnbiàn | (10) |
| 司机 | sījī | (12) |
| 送 | sòng | (3) |
| 虽然 | suīrán | (5) |

## T

| | | |
|---|---|---|
| 它 | tā | (3) |
| 烫 | tàng | (4) |
| 特别 | tèbié | (4) |
| 疼 | téng | (9) |
| 提前 | tíqián | (12) |
| 天气 | tiānqì | (2) |
| 填写 | tiánxiě | (6) |
| 跳高 | tiàogāo | (5) |
| 跳绳 | tiàoshéng | (5) |
| 跳远 | tiàoyuǎn | (5) |
| 听写 | tīngxiě | (8) |

| | | |
|---|---|---|
| 亭子 | tíngzi | (1) |
| 通过 | tōngguò | (12) |
| 头 | tóu | (9) |
| 投 | tóu | (7) |
| 投币 | tóu bì | (7) |
| 团圆 | tuányuán | (3) |

## W

| | | |
|---|---|---|
| 忘记 | wàngjì | (7) |

## X

| | | |
|---|---|---|
| 西药 | xīyào | (9) |
| 洗 | xǐ | (4) |
| 喜事 | xǐshì | (11) |
| 下车 | xià chē | (1) |
| 下午 | xiàwǔ | (1) |
| 下雨 | xià yǔ | (2) |
| 先 | xiān | (4) |
| 线 | xiàn | (7) |
| 香水 | xiāngshuǐ | (10) |
| 项目 | xiàngmù | (5) |
| 校园 | xiàoyuán | (1) |
| 行 | xíng | (2) |

| | | |
|---|---|---|
| 行李 | xíngli | (12) |
| 休息 | xiūxi | (9) |
| 选 | xuǎn | (7) |
| 学费 | xuéfèi | (12) |
| 学期 | xuéqī | (12) |

## Y

| | | |
|---|---|---|
| 严重 | yánzhòng | (9) |
| 一般 | yìbān | (6) |
| 一定 | yídìng | (10) |
| 一会儿 | yíhuìr | (2) |
| 移民局 | yímín jú | (2) |
| 已经 | yǐjīng | (5) |
| 硬币 | yìngbì | (7) |
| 游泳池 | yóuyǒngchí | (1) |
| 有事 | yǒu shì | (2) |
| 有意思 | yǒu yìsi | (8) |
| 又……又…… | yòu……yòu…… | (3) |
| 预报 | yùbào | (2) |
| 预约 | yùyuē | (12) |
| 圆 | yuán | (3) |
| 愿意 | yuànyì | (8) |
| 月饼 | yuèbing | (3) |
| 月亮 | yuèliang | (3) |

| | | |
|---|---|---|
| 阅读 | yuèdú | (12) |
| 越来越…… | yuè lái yuè… | (9) |
| 运动场 | yùndòngchǎng | (1) |
| 运动会 | yùndònghuì | (5) |
| 运动员 | yùndòngyuán | (5) |
| 运气 | yùnqi | (11) |

## Z

| | | |
|---|---|---|
| 杂志 | zázhì | (4) |
| 咱们 | zánmen | (1) |
| 糟糕* | zāogāo | (6) |
| 早上 | zǎoshàng | (9) |
| 展览 | zhǎnlǎn | (3) |
| 这么 | zhème | (2) |
| 这些 | zhèxiē | (10) |
| 这样 | zhèyàng | (11) |
| 之一 | zhī yī | (3) |
| 职员 | zhíyuán | (6) |
| 只 | zhǐ | (4) |
| 纸币 | zhǐbì | (7) |
| 中国通 | zhōngguótōng | (3) |
| 中药 | zhōngyào | (9) |
| 重要 | zhòngyào | (3) |
| 祝福 | zhùfú | (10) |

| | | |
|---|---|---|
| 祝贺 | zhùhè | (11) |
| 主意 | zhǔyi | (10) |
| 注意 | zhùyì | (9) |
| 转 | zhuǎn | (7) |
| 准备 | zhǔnbèi | (10) |
| 资料 | zīliào | (6) |
| 自己 | zìjǐ | (3) |
| 综合 | zōnghé | (12) |
| 总是 | zǒngshì | (12) |
| 最 | zuì | (2) |
| 最好 | zuìhǎo | (4) |
| 座 | zuò | (1) |

**专名**

| | | |
|---|---|---|
| 春节 | Chūnjié | (11) |
| 龙湖 | Lóng Hú | (1) |
| 美美理发店 | Měiměi Lǐfà Diàn | (4) |
| 中秋节 | Zhōngqiū Jié | (3) |

# MPR 出版物链码使用说明

本书中凡文字下方带有链码图标“══”的地方，均可通过“泛媒关联”App 的扫码功能或“泛媒阅读”App 的“扫一扫”功能，获得对应的多媒体内容。

您可以通过扫描下方的二维码下载“泛媒关联”App、“泛媒阅读”App。

**“泛媒关联”App 链码扫描操作步骤：**

1. 打开“泛媒关联”App；
2. 将扫码框对准书中的链码扫描，即可播放多媒体内容。

**“泛媒阅读”App 链码扫描操作步骤：**

1. 打开“泛媒阅读”App；
2. 打开“扫一扫”功能；
3. 扫描书中的链码，即可播放多媒体内容。

**扫码体验：**